北京注协中小会计师事务所发展促进委员会系列丛书

科研项目(课题)结题审计操作实务

王凤波　主编

中国财经出版传媒集团
中国财政经济出版社

图书在版编目（CIP）数据

科研项目（课题）结题审计操作实务／王凤波主编. --北京：中国财政经济出版社，2023.5

（北京注协中小会计师事务所发展促进委员会系列丛书）

ISBN 978-7-5223-2095-3

Ⅰ.①科… Ⅱ.①王… Ⅲ.①科研院所-基本建设项目-审计 Ⅳ.①F239.63

中国国家版本馆 CIP 数据核字（2023）第 048752 号

责任编辑：温彦君　　　　责任校对：徐艳丽

封面设计：智点创意　　　　责任印制：党　辉

科研项目（课题）结题审计操作实务

KEYAN XIANGMU（KETI）JIETI SHENJI CAOZUO SHIWU

中国财政经济出版社 出版

URL：http：//www.cfeph.cn

E-mail：cfeph@cfeph.cn

社址：北京市海淀区阜成路甲 28 号　邮政编码：100142

营销中心电话：010-88191522

天猫网店：中国财政经济出版社旗舰店

网址：https：//zgczjjcbs.tmall.com

北京富生印刷厂印刷　各地新华书店经销

成品尺寸：170mm×240mm　16 开　13 印张　178 000 字

2023 年 5 月第 1 版　2023 年 5 月北京第 1 次印刷

定价：58.00 元

ISBN 978-7-5223-2095-3

（图书出现印装问题，本社负责调换，电话：010-88190548）

本社质量投诉电话：010-88190744

打击盗版举报热线：010-88191661　QQ：2242791300

编　委　会

前　言

为深入学习贯彻党的二十大会议精神，落实《国务院办公厅关于进一步规范财务审计秩序 促进注册会计师行业健康发展的意见》（国办发〔2021〕30号）文件要求，促进中小会计师事务所的高质量发展和人才战略，研判中小会计师事务所发展中存在的痛点、难点、堵点问题，提出改革创新建议；促进中小会计师事务所经验交流，分享先进经验，北京注册会计师协会第八届理事会三次会议审议通过，成立了中小会计师事务所发展促进委员会（以下简称“中小所促进委员会”）。中小所促进委员会成立后，一直致力于如何加强中小会计师事务所执业规范，解决中小会计师事务所执业难题，提高中小会计师事务所执业质量，培养中小会计师事务所的核心竞争能力，促进中小会计师事务所做专、做精、做强，真正实现“专精特新”发展。

根据目前中小会计师事务所以专项审计为主要业务范畴的实际情况，为贯彻落实注册会计师执业规范和具体审计指引、提高会计师事务所专项审计的执业能力、不断培养专项审计专业人才，努力促进注册会计师行业发展，积极推进国家诚信体系建设，中小所促进委员会组织资深专家学者、具有多年从事专项审计工作的行业领军人才和一线执业人员，对科研项目（课题）结题审计、基本建设项目预决算财务审计、财政资金预算绩效审计、领导干部经济责任审计、财务收支审计、民非组织专项审计、高新认定专项审计等中小会计师事务所广泛从事的业务，从理论发展、执业经验、具体操作等方面进行系统研究和总结，适时编辑出版。

本书是王凤波先生作为《中央财政科技计划项目（课题）结题审计指引》修订专家组成员，在结合自身长期从事科研课题经费结题审计工作实践基础之上的倾情奉献。全书以《中央财政科技计划项目（课题）结题审计指引》为标准，并结合注册会计师的具体审计实践，对具体案例进行深入剖析，为会计师事务所从事科研课题经费结题审计工作提供具体的指导。

本书的出版，得益于北京注册会计师协会领导的直接关心和支持，得益于《中央财政科技计划项目（课题）结题审计指引》专家组的指导，得益于关心科研项目（课题）结题审计的专家同行和领导的支持和指导，得益于各位编委的鼎力支持和通力合作，得益于中国财政经济出版社领导和编辑的大力支持，在此一并致谢！

本书致力于操作经验的交流与分享，囿于编委会成员学识，书中肯定存在不少遗漏甚至错误，恳请同人批评指正！

编委会

2023 年 1 月

目　录

第一章

绪论

中华民族在历史上创造了辉煌灿烂的文化，“四大发明”对中国古代的政治、经济、文化发展产生了巨大的推动作用，经各种途径传至西方，对世界文明发展史产生了巨大的影响。自1840年鸦片战争以后，中国一步一步地由一个封建大国沦为半殖民地半封建国家，科技发展远远落后于西方先进水平。1949年中华人民共和国成立后，我国现代科技事业得到了全面发展，从20世纪50-60年代“自力更生”的起步阶段，经过“文革”十年曲折，“改革开放”的发展阶段，现正以崭新的面貌逐步走向世界中央。

中华人民共和国成立以来，党和国家领导人高度重视科技发展。1956年1月，中共中央召开了全国知识分子工作会议，会上，毛泽东号召全党努力学习科学知识，同党外知识分子团结一致，为迅速赶上世界先进科学水平而奋斗；周恩来在会上作了《关于知识分子问题的报告》，向全党、全国人民发出了“向科学进军”的号召。1988年9月，邓小平根据当代科学技术发展的趋势和现状，提出了“科学技术是第一生产力”的论断。1995年5月，江泽民提出“科教兴国”战略；2001年7月1日，江泽民在庆祝中国共产党成立80周年大会上的讲话中指出：“科学技术是第一生产力，而且是先进生产力的集中体现和主要标志。”2006年1月，胡锦涛在全国科学技术大会上指出：“科学技术是第一生产力，是推动人类文明进步的革命力量。”进入新时代，习近平总书记提出，要深入实施创新驱动发展战略，完善国家创新体系，加快建设科技强国，实现高水平科技自立自强。

党的十八大作出了实施创新驱动发展战略的决策部署，党的十九大报告中提出创新是引领发展的第一动力，党的二十大报告明确指出“教育、科技、人才是全面建设社会主义现代化国家的基础性、战略性支撑。”党的十八大以来，党中央、国务院出台了一系列优化科研经费管理的政策文件和改革措施，有力地激发了科研人员的创造性和创新活力，促进了科技事业发展。

一、我国科技发展长期规划和国家科技计划发展概述

1. 我国科技发展长期规划制定历程

科技规划是国家科技战略的顶层设计，是完善社会主义市场经济条件下的新型举国体制、打造中国特色国家创新体系、提升科技竞争力的重要法宝。中华人民共和国成立以来，由政府部门直接组织，已经先后公开发布了8次科技发展长期规划，即1956年颁布的《1956—1967年科学技术发展远景规划》（简称“十二年科技规划”）、1962年颁布的《1963—1972年科学技术发展规划纲要》、1978年颁布的《1978—1985年全国科学技术发展规划纲要》、1986年颁布的《1986—2000年科技发展规划》、1991年颁布的《1991—2000年科学技术发展十年规划和“八五”计划纲要》、1996年颁布的《全国科技发展“九五”计划和到2010年长期规划纲要》、2001年颁布的《国民经济和社会发展第十个五年计划科技教育发展专项规划（科技发展规划）》、2006年颁布的《国家中长期科学和技术发展规划纲要（2006—2020年）》和《国家“十一五”科学技术发展规划》。

2. 我国国家科技计划的发展历程

改革开放之后，我国陆续出台的一系列科技计划并明确相应专项资金支持，形成了具有多功能、多层次的国家科技计划体系，有力地促进了科

技与经济的结合，为经济的高速发展和社会进步提供了科技动力和成果储备，充分体现了我国科技布局和发展的特色。其发展历程如下：

1982 年，经五届全国人大五次会议讨论通过的第一个国家科技计划，即“国家科技攻关计划”。其宗旨是坚持面向国民经济主战场，集中力量攻克产业升级和社会持续发展急需解决的关键技术和共性技术。

1984 年，原国家计委组织实施的“国家重点实验室建设计划”，主要任务是在教育部、中科院等部门的有关大学和研究所中，依托原有基础建设一批国家重点实验室。

1985 年，原国务院生产办公室组织实施的“国家重点新技术推广项目计划”，目的是促进新技术的推广，加快科技成果向生产的转化，调整结构，为提高经济效益服务。

1986 年，原国家科委星火计划办公室组织实施的“星火计划”，其目的是依靠科技进步、振兴农村经济，普及科学技术、带动农民致富。

1986 年 2 月 14 日，国务院正式批准成立国家自然科学基金委员会，并组织“国家自然科学基金”，目的是聚焦基础、前沿、人才，注重创新团队和学科交叉，全面培育我国源头创新。

1986 年 3 月 3 日，王大珩、王淦昌、杨嘉墀、陈芳允四位科学家向国家提出要跟踪世界先进水平，发展中国高技术的建议。经过邓小平批示，国务院批准了《高技术研究发展计划（“863”计划）纲要》并组织实施了“863”计划。

1988 年，原国家科委组织实施了“火炬计划”，目的是促进高技术、新技术研究成果商品化，推动高技术、新技术产业形成和发展的部署和安排。

1989 年，原国家科委组织实施了“国家科技成果重点推广计划”，其背后的理念是以经济建设为核心，服务经济发展。

1990 年，原国家科委组织实施了“国家软科学研究计划”，其任务是：以实现决策科学化、民主化为目标，综合运用自然科学、社会科学、工程技术多门类、多学科知识，对科技和经济社会发展的重大决策提供支撑。

1991 年，原国家科委组织实施了“国家基础性研究重大项目计划（攀登计划）”，其目的是加强国家对基础研究和应用基础研究的支持，推动基础性研究持续稳定地发展。

1992 年，原国家科委组合实施了“国家工程（技术）研究中心计划”，其目的是适应国民经济各重点领域发展的需要，加快科技成果转化。

1996 年，原国家科委组织实施了“社会发展科技计划”，其目的是以提高人的生活质量与自身素质为中心，为改善人的生存发展环境，调整人与自然之间的关系，促进社会事业及相关产业的科技进步，推动经济与社会相互协调和可持续发展而开展的科学技术活动。

1997 年，原国家科委组织实施了“国家重点基础研究发展计划（‘973’计划）”，旨在解决国家战略需求中的重大科学问题，以及对人类认识世界将会起到重要作用的科学前沿问题。

1999 年，科技部组织实施了“科研院所技术开发研究专项”，目的是保持和提高中央级科研单位的开发研究实力和持续创新能力，促进科研单位的改革与发展。

2000 年，科技部组织实施了“中央级科研院所科技基础性工作专项”，目的是促进中央级科研院所开展基础性科技工作；当年还组织实施了“科研院所社会公益研究专项”，目的是促进科研院所社会公益研究工作的开展。

2002 年，科技部和农业部组织实施了“农业科技成果转化专项计划”，目的是加快农业科技成果转化应用，提高农业的科技含量，增加农民收入，提高农村经济整体素质，增强农业的竞争力。

2004 年，科技部组织实施了“国家科技基础条件平台建设专项”，目的是运用现代信息技术和利用国际资源，搭建具有公益性、基础性、战略性的科技基础条件平台，有效改善科技创新环境，增强持续发展能力，为科技长远发展与重点突破提供强有力的支撑。

2006 年，科技部组织实施了“国家科技支撑计划”（原“国家科技攻关计划”），主要解决综合性、跨行业、跨地区的重大科技问题，突破技术瓶颈制约，提升产业竞争力；当年还组织实施了“国家科技重大专项”，目的是实现国家目标，通过核心技术突破和资源集成，在一定时限内完成重大战略产品、关键共性技术和重大工程。

2012 年，科技部组织实施了“科技惠民计划”，目的是加快科学技术成果的转化应用，发挥科技进步在改善民生和促进社会发展中的支撑和引领作用。

2014 年，国家对科技计划（基金、专项等）进行整合，形成了目前我国科技计划管理现行体系，即新五类科技计划（专项基金等）。包括国家自然科学基金、国家科技重大专项、国家重点研发计划、技术创新引导专项（基金）、基地和人才专项。以上五类科技计划专项基金等需要全部纳入统一的国家科技管理平台管理，加强项目查重，避免重复申报和重复资助。中央财政加大了对科技计划专项基金等的支持力度，加强对中央级科研机构和高校自主开展科研活动的稳定支持。

二、我国科研经费概述

科研经费泛指国家各种用于发展科学技术事业而支出的费用。绝大多数国家都非常重视对科研的经费投入，科研经费占国家或者地区 GDP 的比重可以反映一个国家或地区对科研的重视程度。在科技水平不断提升下，我国科研项目不断增多，科研经费日益增长。据国家统计局数据显示，2021 年全国研究与试验发展（R&D）经费支出 27864 亿元，比上年增长 14.2% ，其中，基础研究经费 1696 亿元。

科研经费的种类很多且分类方式不同。以学校科研项目经费为例，依据管理性质不同，可分为纵向科研经费、横向科研经费、基本科研业务费和校设科研经费等。纵向科研经费是由国家和相关部委、地方政府等部门直接下达或通过项目负责单位转拨的各类科技计划项目经费；横向科研经费是指除纵向科研经费之外，学校受境内外企事业单位、社会团体委托开展的技术开发、技术转让、技术咨询、技术服务等科研项目经费；基本科研业务费是指中央高校基本科研业务费资助的科研项目经费，该类经费按照学校基本科研业务费相关管理办法管理；校设科研经费是指校内各职能部门设立的科研项目经费，该类经费管理按照各部门相关规定和要求执行。

科研项目经费有自己的特点。以“国家重点研发计划”为例，一是科研项目经费资金来源渠道广泛，包括中央财政拨款、地方财政资金、单位自筹资金以及从其他渠道获得的资金等；二是科研项目承接主体多元化，包括中央直属企业、地方国有企业、科研单位、民营企业以及其他从事科研项目的单位；三是承担主体会计处理多样化，目前我国会计准则、制度体系中，包括企业会计准则、政府会计准则、小企业会计准则、民间非营利组织会计制度、企业会计制度等，各单位适用的会计准则、制度不同，所采用的会计政策和会计核算方法各异；四是经费管理时间较长。科研项目经费需要不断地持续性投入，短则2－3年，长则5－10年；五是科研项目经费预算难度大，科研项目经费的预算编制既要求科学合理性，又具有不确定性，经费执行既要有合法合规合理性，又要实事求是、尊重客观规律；六是科研经费的支出应遵循预算安排，由于各个科研项目经费额度存在差异，因此应以预算确定各个阶段的支出，以确保顺利完成科研项目。①

三、我国科研经费审计概述

（一）科研经费审计的内涵和特点

2003年7月1日审计署颁布的《审计署2003至2007年审计工作发展规划》中首次提出了绩效审计的要求；2006年8月6日审计署颁布的《审计署2006至2010年审计工作发展规划》中进一步强调，要全面推进效益

① 梅贵琴，王凤波．新形势下加强科研项目经费财务管理的思考［N］．中国会计报，2022－08－05．

审计，促进转变经济增长方式，提高财政资金使用效益和资源利用效率、效果，建设资源节约型和环境友好型社会。上述文件的颁布，为科研经费的审计提供了制度基础，也拉开了科研经费审计的序幕。

2012 年，教育部连续出台了《关于加强中央部门所属高校科研经费管理的意见》《关于进一步加强高校科研项目管理的意见》和《关于进一步规范高校科研行为的意见》等一系列文件，对规范和加强高校科研经费的管理和监督提出了具体要求，也为科研经费全过程审计的开展奠定了制度基础。

2014 年 12 月 3 日，国务院印发《关于深化中央财政科技计划（专项、基金等）管理改革的方案》（国发〔2014〕64 号），明确要求“政府各部门不再直接管理具体项目，充分发挥专家和专业机构在科技计划（专项、基金等）具体项目管理中的作用；对科技计划（专项、基金等）的绩效评估通过公开竞争等方式择优委托第三方机构开展，评估结果作为中央财政予以支持的重要依据。”政府部门在简政放权的同时，进一步推进了科研经费绩效审计工作的全面开展，为会计师事务所等专业机构充分发挥专业人才优势，参与科研经费全过程审计和绩效审计提供了广阔的空间，同时也对我国注册会计师从事科研经费审计工作的审计程序、审计方法提出了更高的要求。

1. 科研经费审计的内涵

科研经费结题审计属于特殊目的审计，是注册会计师提供的鉴证服务。结题审计报告应客观反映被审计项目（课题）承担单位及参与单位的科研项目（课题）资金投入、使用和管理的具体情况，同时披露审计中发现的问题并提出相关建议。结题审计报告为科研项目综合绩效评价提供重要依据，为科研资金监督和管理提供决策参考。

注册会计师执行科研经费审计的主要依据是中国注册会计师审计准则（以下简称审计准则）和《中央财政科技计划项目（课题）结题审计指引》（以下简称审计指引）。审计指引明确定位结题审计属于特殊目的的审计，这就意味着注册会计师执行该类业务需要在审计准则的总体框架下，按照风险导向审计理念执行审计工作，突出结题审计工作的特殊性。承担结题审计业务的会计师事务所需要依据审计指引，制定本会计师事务所针对该特殊目的审计业务的具体审计程序并落实具体审计工作。

2. 科研经费审计的特点

科研经费结题审计的实质是合规性审计，这个“规”包括与被审计课题相关的政策文件规定、任务书的要求，因此，执行科研经费结题审计应把握以下几个关键点：

一是要了解课题所属科技计划的类别，以确定被审计课题应遵循的政策文件。目前整合后形成的五类科技计划，包括国家自然科学基金、国家科技重大专项、国家重点研发计划、技术创新引导专项（基金）、基地和人才专项。中央财政科研项目资金管理除通用性政策外，还有针对上述不同类别科技计划项目的科研经费资金管理办法，这些政策文件是注册会计师执行结题审计的直接依据。

二是要充分理解“让经费为人的创造活动服务”的精神，避免给科研人员造成不必要的负担。为推进简政放权、放管结合管理，充分激发科研人员的创新活力，国家进一步简化了预算编制，将直接费用调整为设备费、业务费、劳务费三大类，扩大了承担单位预算调剂权限等。

三是应保持职业怀疑，审慎评价课题收支的实质。实施审计时，注册会计师要采用分析程序与细节测试相结合的审计方法，恰当应用重要性水平，并考虑信息技术对审计的影响，要特别关注大额资金流向、判断支出实质，关注各类支出是否合规、是否发生在课题执行期内并与课题相关。判断支出是否合规时，不能简单地以是否有发票或合同作为依据，如野外考察，实务中无法取得发票或者财政性票据，在符合被审计单位内部管理规定、确保真实性的前提下，可以按实际发生额列支。而对于在临近审计基准日发生的大额采购支出，即使有合同或发票，注册会计师也要保持职业谨慎，追踪其使用情况，关注是否存在违规情况。

四是要加强审计工作记录，避免以复印会计资料替代审计职业判断。根据审计准则的规定，注册会计师需要对制定的审计计划、实施的审计程序、获取的审计证据、进行审计判断的依据和过程、得出的审计结论等做出记录。编制审计工作底稿不仅仅是复印客户资料。为减轻科研人员与被审计单位负担，除用于审计报告的佐证材料外，注册会计师通常不需要复印被审计单位的记账凭证等资料，但应在工作底稿中记录所检查具体项目或事项的识别特征，使底稿阅读者能够清楚理解。

五是要明确结题审计报告要求，保证信息质量。科研经费结题审计报告，是注册会计师对被审计课题承担单位科研课题资金投入、使用、管理情况发表审计意见，其报告日期不应早于获取充分、适当的审计证据，并在此基础上形成审计意见的日期。①

（二）科研经费审计的目标和总体要求

审计目标是指审计人员通过审计活动所期望达到的目的和要求，它是指导审计工作的指南。审计目标可分为审计总体目标和审计具体目标两个层次。审计总体目标是指被评价的受托经济责任的履行情况。

1. 科研经费审计的目标

科研经费审计的目标是对科研项目（课题）执行结题审计工作，出具结题审计报告，客观反映被审计项目（课题）承担单位及参与单位的科研项目（课题）资金投入、使用和管理的具体情况，同时披露审计中发现的问题并提出相关建议。

2. 科研经费审计的总体要求

当前，科研经费审计是项目综合绩效评价的重要依据，为科研资金监督和管理提供重要的决策参考，其总体要求主要包括：

一是掌握和尊重科研活动规律。注册会计师应当以科研项目（课题）资金管理相关法律法规和政策为依据，在执行科研项目（课题）结题审计工作时，认真贯彻落实党中央关于科技领域“放管服”改革的要求，注重掌握和尊重科研活动规律，突出实质，提高服务意识，避免给被审计单位

① 宋振玲，李勋浩．提高科研经费结题审计质量 服务科研创新高质量发展［N］．中国会计报，2022－08－05．

和科研人员造成不必要的负担。

二是遵守职业道德。注册会计师执行科研项目（课题）结题审计业务，应当遵守中国注册会计师职业道德守则，遵循诚信、客观公正原则，保持独立性和专业胜任能力，勤勉尽责，对执业过程中获知的涉密信息保密，维护职业声誉，树立良好的职业形象。

三是做到“勤勉尽责”。注册会计师在接受委托执行审计业务时，应当严格按照审计准则和审计指引的具体要求，获取充分、适当的审计证据，并发表恰当的审计意见。在能够利用被审计单位内部审计人员或其他外部第三方工作的情况下，注册会计师可以考虑利用其工作，以减轻被审计单位和项目（课题）负责人的负担。

（三）科研经费审计的现状与展望

为加强科研经费审计管理，提高科研经费审计质量，有序推进科研经费审计工作，现阶段，参与我国科研经费审计的会计师事务所需履行备案程序。

2021 年 5 月，按照党中央、国务院关于优化营商环境、深化科技领域“放管服”改革的要求，科技部资源配置与管理司发布的《关于加强和改进国家重点研发计划项目（课题）结题审计相关工作的通知》（国科资函〔2021〕13 号）规定，有意愿承接结题审计服务业务且近三年无行业惩戒记录和严重失信行为、有固定营业场所、有较为固定的拟从事结题审计的人员队伍的会计师事务所（含具有独立法人资格的分所，以下简称事务所），可自愿履行备案程序后开展相关工作。根据科技部监管中心的统计，截至 2022 年 10 月底，全国已通过备案的会计师事务所累计 723 家。通过备案的会计师事务所中有 391 家承担过重点研发计划科技经费审计，其中，2022 年新审计指引颁布后承担过重点研发计划科技经费审计业务的有 207 家。

目前，我国科研经费审计以事后审计为主，更加注重财务收支的合法性、合规性。在过往的结题审计工作中仍存在一些问题：一是大量新备案的事务所过去没有从事过科研项目经费结题审计工作，缺乏相关经验，对相关政策、制度不熟悉，对相关政策把握不准确。二是在以往结题审计实践中，部分会计师事务所审计时未对财务资料的真实性予以充分关注；审计程序缺失，审计认定不准确、依据不充分；获取审计资料重形式、轻实质；要求课题承担单位提供大量非必要的制度、研究成果、支出凭证等复印件。

为贯彻落实《国务院办公厅关于进一步规范财务审计秩序 促进注册会计师行业健康发展的意见》（国办发〔2021〕30号）、《国务院办公厅关于改革完善中央财政科研经费管理的若干意见》（国办发〔2021〕32号）等文件要求及有关科研项目资金管理政策，指导注册会计师执行科研项目（课题）结题审计工作，明确工作要求，保证工作质量。中国注册会计师协会于2022年6月29日根据有关财政法律法规、中央财政科技计划相关管理规定以及中国注册会计师审计准则，制定并公布了《中央财政科技计划项目（课题）结题审计指引》，用于指导注册会计师执行中央财政科技计划项目（课题）结题审计业务。

科技创新形势在变，经费管理使用的政策环境在变，审计要求在变，审计人员的审计理念必须随之转变，事务所提升结题审计服务能力与水平势在必行。一是要尊重科研活动规律。审计人员要切实了解科研业务的特殊性，结合科研活动的特点判断经费支出的合理性，避免执行政策教条和僵化的问题。二是要从“重复印”向“重分析”转变。审计人员要改变机械对照预算的审计方法，更加注重科研业务实质，重点关注业务真实性和任务相关性。三是要履职到位、勤勉尽责。审计人员要遵循谨慎性原则，对重要事项或异常现象充分履行审计程序，防范重大财务风险。四是全面客观如实反映经费管理使用问题。《国家重点研发计划项目综合绩效评价工作规范（试行）》中明确，课题结题审计报告是项目综合绩效评价的重要依据，要求会计师事务所按照《中央财政科技计划项目（课题）结题审计指引》要求，如实、准确、全面地开展结题审计，并向课题承担单位出具审计报告。

未来，科研经费审计应向全过程审计推进。全过程审计就是要对科研经费从项目立项、项目经费预算编制、项目经费支出、项目完成结果等进行事前、事中、事后的全过程审计，切实体现审计的过程监督和控制作用，变科研经费被动审计为主动参与科研项目全过程监督。所谓事前审计，是指对经费预算的合理性和可行性进行审核；所谓事中审计，是指对经费支出的合法性和合规性进行监管；所谓事后审计，是指对经费使用的效率性和效益性做出评价①。

绩效审计可以避免科研经费自主权的滥用，通过对科研经费的经济效益、技术效益和社会效益进行综合考核和评价，确保其经济性、适用性和效果性，未来应从绩效评价的角度，通过开展以预算执行为主线，以支出过程控制、提高资金效益为目的的全覆盖审计，通过“视其所以、观其所由、察其所安”，更加切实体现审计的监督和控制作用②。

---

① 傅扬．我国科研经费审计现状与对策简析．https：//jysj. cee. edu. cn/shenjikanwu/wenzhangjingxuan/2017 - 01 - 05/2552. html.

② 同①。

第二章

业务承接和计划审计工作

《中央财政科技计划项目（课题）结题审计指引》明确指出，科研项目（课题）结题审计属于特殊目的的审计，是注册会计师提供的鉴证服务业务。结题审计的对象是承担国家科研项目（课题）的单位，包括大专院校、科研院所、企事业单位等。会计师事务所出具的审计报告应客观反映被审计项目（课题）承担单位及参与单位的科研项目（课题）资金投入、使用和管理的具体情况，同时披露审计中发现的问题并提出相关建议。结题审计报告为科研项目综合绩效评价提供重要依据，为科研资金监督和管理提供决策参考。这就要求承担科研项目（课题）结题审计业务的会计师事务所既要掌握通用的审计理论知识和审计方法，同时还要掌握科研规律、掌握科研经费管理的相关要求，审计人员除具备财务、会计、审计方面的知识和经验外，还要熟悉与科研项目（课题）资金管理相关的法律法规和政策。为此，科技部科技经费监管服务中心（以下简称“科技部监管中心”）专门成立了经费审计与预警处，负责对中介机构承担中央财政科技计划（专项、基金等）经费审计业务监督管理和培训工作，并对会计师事务所业务的承接和管理做出了相应的规定。

一、会计师事务所备案

在“十二五”以前，承担科研项目（课题）结题审计的事务所必须通过招标入围后才能承接该项审计业务。2011 年，该项业务由招标入围改为“遴选制”，当年共遴选了 208 家具有国家科技经费审计资格的会计师事务所承担该项审计业务。2016 年，遴选了 259 家有意愿从事“十三五”期间国家科技计划资金审计工作的会计师事务所承担该项审计业务。

2021 年 5 月 14 日，为进一步深化科技领域“放管服”改革，切实落实国务院关于建立公平竞争审查制度的意见，结合《国家重点研发计划项目综合绩效评价工作规范（试行）》（国科办资〔2018〕107 号）和《科技部 财政部关于进一步优化国家重点研发计划项目和资金管理的通知》（国科发资〔2019〕45 号）等文件要求，提高国家重点研发计划项目（课题）结题审计（以下简称“结题审计”）服务质量，科技部资源配置与管理司发布了《关于加强和改进国家重点研发计划项目（课题）结题审计相关工作的通知》（国科资函〔2021〕13 号），就加强和改进新形势下结题审计相关工作发出通知：“有意愿承接结题审计服务业务且近三年无行业惩戒记录和严重失信行为、有固定营业场所、有较为固定的拟从事结题审计的人员队伍的会计师事务所（含具有独立法人资格的分所，以下简称事务所），可自愿履行备案程序后开展相关工作”。该通知标志着承担科研项目（课题）结题审计的事务所由“遴选制”改为“备案制”。

（一）备案管理的要求

1. 正面要求

——主动学习相关政策。深入学习领会党中央、国务院关于科研资金管理的改革举措，积极学习财政部、科技部科研资金管理政策，全面熟悉结题审计指引相关内容。

——尊重科研活动规律。掌握和尊重科研活动规律，把握审计重点，注重实质，提高服务意识，避免给被审计项目（课题）承担单位和项目（课题）负责人造成不必要的负担。

——恪守职业道德。遵守注册会计师职业道德守则，遵循诚信、客观和公正原则，保持独立性，对执业过程中获知的涉密信息保密，维护职业声誉，树立良好的职业形象。

——强化勤勉尽责。承接审计业务时，应当从严从实从细落实审计指引相关要求，围绕目标和要求收集充分、适当的审计证据，做到事实清晰、证据链完整。

——积极配合管理。认真遵守科技部等管理部门相关规定，积极参加业务能力提升培训，配合提交年度工作总结等日常管理工作，积极配合管理部门在科研资金监管活动中对事务所审计工作的检查和倒查工作。

2. 负面清单

——弄虚作假。备案信息存在弄虚作假、夸大本单位能力和条件；与项目承担单位串通，出具虚假或失实结论。

——严重失职。不履行结题审计相关制度和审计指引要求，审计报告出现重大遗漏、错报瞒报等重大违规行为。

——审计能力不足。对科研项目资金管理重要政策、审计指引等相关审计“应知应会”的知识点严重缺乏。

——谋取不当利益。非法索取、收受委托合同约定以外的酬金或者其他财物，或者收取明显有失公允的审计服务费用，或者利用执行业务之便，谋取其他不正当的利益。

——违反保密原则。泄露或利用职业活动中获知的涉密信息（包括但不限于商业秘密及国家秘密）。

——不配合相关工作。不配合或虚假配合科技部等管理部门开展结题审计检查工作。

——不配合整改要求。对科技部等部门提出的整改意见不及时整改、拒绝整改或虚假整改。

3. 监管要求

——日常评价。通过综合绩效评价评前审查机构、综合绩效评价专家等审计报告用户建立对审计报告质量的日常评价，向承担单位公开评价结果，强化对日常评价结论存在异常情况的事务所的检查和审计过程倒查。

——受理投诉举报。受理相关方面对事务所违规审计、谋取不当利益等问题的投诉举报，依规加大查处力度。

——建立抽查机制。按照小于5%的比例，对结题审计报告进行随机抽查，对标对表相关管理制度和审计指引要求，对审计报告的质量、审计过程合规性以及“应知应会”的知识点等进行重点抽查。

——依规严惩违规。对倒查中发现存在严重问题的事务所，依据科技部19号令相关规定及时进行惩戒，并将工作中发现的严重违规问题线索移交行业管理部门。

（二）备案管理的基本流程

有意愿承接结题审计服务业务的事务所自行登录“结题审计服务系统（http：//xxpt. jgzx. org/sjfw/Login）”注册账号并上传相关文档进行备案，事务所应对备案信息的真实性负责，相关信息发生变化后，应及时自行维护、更新。对于备案材料不完备或者明显存在问题的，科技部监管中心自事务所提交备案材料之日起15个工作日内反馈事务所，未反馈的，视同无意见。

（三）备案管理的材料清单

根据科技部资源配置与管理司发布的《关于加强和改进国家重点研发计划项目（课题）结题审计相关工作的通知》（国科资函〔2021〕13号）的规定，会计师事务所备案管理资料包括：

1. 会计师事务所承接国家重点研发计划结题审计业务承诺书。会计师事务所的承诺书可以参照示例2－1《会计师事务所承接国家重点研发计划结题审计业务承诺书》。

【示例2－1】会计师事务所承接国家重点研发计划结题审计业务承诺书如下。

会计师事务所承接国家重点研发计划
结题审计业务承诺书

本会计师事务所承诺有意愿承接重点研发计划项目结题审计服务且近

三年无行业惩戒记录和严重失信行为，有固定营业场所、有较为固定的拟从事结题审计的人员队伍、相关人员已掌握承接结题审计业务“应知应会”政策和中央财政科技计划结题审计指引，自愿接受并积极配合管理部门对我所从事重点研发计划资金审计服务工作的监督检查和考核评价。本所郑重承诺，提交的备案材料真实、准确、完整，不存在虚假记载、误导性陈述或重大遗漏。

首席合伙人/主任会计师（签章）：

会计师事务所公章：

经办人：　　　　　　联系电话：　　　　　　签章日期：

2. 会计师事务所承接国家重点研发计划结题审计业务备案表。会计师事务所的业务备案表见示例 2－2《会计师事务所承接国家重点研发计划结题审计业务备案表》。

【示例 2－2】 会计师事务所承接国家重点研发计划结题审计业务备案表见表 2－1。

3. 会计师事务所营业执照及执业许可证书信息。

4. 承接国家重点研发计划结题审计业务质量控制内部管理制度。

（四）结题审计业务的服务和监督

《关于加强和改进国家重点研发计划项目（课题）结题审计相关工作的通知》（国科资函〔2021〕13 号）规定，科技部资源配置与管理司委托科技部监管中心做好结题审计业务培训、服务与监督等工作。具体包括：

1. 加强政策培训。在结题审计服务系统发布、更新业务培训课件时，做好结题审计相关依据的动态调整和审计人员培训服务工作。采用线上、线下等方式，加强对事务所审计人员的资金管理政策和结题审计指引等培训，促进审计人员之间的交流。

表 2－1　　会计师事务所承接国家重点研发计划结题审计业务备案表

一、基本信息

事务所名称		所属行政区划		组织形式		成立批准日期	
工商设立登记日期		批准设立文号		注册资本（万元）		通讯地址	
近三年是否因执业行为受行政处罚或行业惩戒		统一社会信用代码		执业证书编号		合伙人（股东）人数	
法人/首席合伙人		法人/首席合伙人手机号码		法人/首席合伙人固定电话		管理工作联系人	
管理工作联系人职务		管理工作联系人手机号码		管理工作联系人固定电话		管理工作联系人电子邮箱	
管理工作联系人传真		全所从业人数		注册会计师人数		拟从事科技经费审计业务人数	
拟从事科技经费审计业务注册会计师人数		上年审计业务收入总计（万元）		其中：科技经费审计业务收入（万元）		科技经费审计业务量	

二、拟从事科技经费审计人员队伍情况

序号	姓名	证件类型	证件号码	联系电话	入职时间	职称职务	注册会计师证书编号	注册时间	取得注册会计师证书后最近连续执业时间	是否从事过科技经费审计业务
……										

首席合伙人/主任会计师（签章）：　　　　会计师事务所公章：

经办人：　　　　联系电话：　　　　签章日期：

注：职称职务包括“所长、副所长、部门经理、部门副经理、高级经理、经理、项目经理、审计员、审计助理、其他”，填写时可填写以上身份中的多种；如填写人员不是注册会计师，无需填写“注册会计师证书编号、注册时间、取得注册会计师证书后最近连续执业时间”项。

2. 加强事务所相关信息公开。对事务所的基本信息、审计人员及参加培训情况、科研项目结题审计服务业务工作量、重点研发计划结题审计工作量、重点研发计划结题审计报告日常评价情况以及监督检查等情况，向重点研发计划承担单位和相关科研人员公开，供其择优选聘作参考。

3. 加强审计业务质量监督。主动开展结题审计服务质量随机抽查和专项检查，并加强与注册会计师行业协会的对接与合作，推动将国家重点研发计划项目经费审计纳入其执业质量检查范围。经查实，事务所及其审计人员存在负面清单所列行为的，取消备案管理，并按照科技部 19 号令等相关规定处理；存在重大违法违规行为的，及时移送相关部门。

二、审计业务承接与初步风险判断

审计客户的质量将直接影响会计师事务所的执业质量和执业风险。因此，在业务承接环节，会计师事务所需要做到“知己知彼”、遵循“质量至上”的原则。

“知己”是指充分了解本所执行业务的能力，一是是否具备专业胜任能力和必要的时间和资源。作为特殊目的审计，注册会计师除了具备财务、会计、审计方面的知识和经验外，还要熟悉中央财政科技计划项目（课题）资金管理相关的法律法规和政策；如果被审计项目涉密，是否具备法律法规要求承接涉密审计业务的条件和能力。二是评价遵守相关职业道德要求的情况。

“知彼”是指对客户及其管理层和治理层充分了解。具体到审计程序上，一是要与被审计单位管理层和项目（课题）负责人讨论结题审计中的重大问题，确定管理层及项目（课题）负责人的责任，会计记录是否完整和具有可审性等重要问题。二是要分析判断被审计项目（课题）承担单位关键管理人员、项目（课题）负责人的诚信情况。注册会计师要在综合考虑上述内容之后，做出适当的决策，确定是否承接该项业务。

（一）审计业务承接前需考虑的因素

1. 了解被审计单位关键管理人员、项目（课题）负责人是否诚信

根据《中国注册会计师鉴证业务基本准则》第九条的规定，在接受委托前，注册会计师应当初步了解业务环境。业务环境包括业务约定事项、鉴证对象特征、使用的标准、预期使用者的需求、责任方及其环境的相关特征，以及可能对鉴证业务产生重大影响的事项、交易、条件和惯例等其他事项。

会计师事务所在承接科研项目（课题）审计业务前，注册会计师需要与被审计单位管理层、项目（课题）负责人直接沟通，必要时，与其主管单位、项目管理专业机构等进行沟通，或查阅相关资料，分析判断被审计单位关键管理人员、项目（课题）负责人的诚信情况。

2. 注册会计师是否具备专业胜任能力以及必要的时间和资源

根据《中国注册会计师鉴证业务基本准则》第十条的规定，在初步了解业务环境后，只有认为符合独立性和专业胜任能力等相关职业道德规范的要求，并且拟承接的业务具备下列所有特征，注册会计师才能将其作为鉴证业务予以承接：（1）鉴证对象适当；（2）使用的标准适当且预期使用者能够获取该标准；（3）注册会计师能够获取充分、适当的证据以支持其结论；（4）注册会计师的结论以书面报告形式表述，且表述形式与所提供的保证程度相适应；（5）该业务具有合理的目的。如果鉴证业务的工作范围受到重大限制，或委托人试图将注册会计师的名字和鉴证对象不适当地联系在一起，则该业务可能不具有合理的目的。此外，在考虑建立并保持客户关系和接受业务委托时，注册会计师还需要考虑是否具备必要的时间和资源，以满足执行该项审计业务的需要。

3. 承接结题审计业务“应知应会”的政策法规

科研项目（课题）结题审计属于特殊目的的专项审计，要求注册会计师除了具备财务、会计、审计方面的知识和经验外，还要熟悉科研项目（课题）资金管理相关的法律法规和政策。因此在评价专业胜任能力时，

注册会计师需要考虑是否接受过科研项目（课题）结题审计业务的相关培训，相关人员是否已掌握承接结题审计业务“应知应会”的政策法规。这些法规包括但不限于：

（1）《国务院关于改进加强中央财政科研项目和资金管理的若干意见》（国发〔2014〕11号）。

（2）《中共中央办公厅 国务院办公厅印发〈关于进一步完善中央财政科研项目资金管理等政策的若干意见〉的通知》（中办发〔2016〕50号）。

（3）《科技部 财政部关于印发〈国家重点研发计划管理暂行办法〉的通知》（国科发资〔2017〕152号）。

（4）《科技部关于印发〈国家重点研发计划资金管理办法〉配套实施细则的通知》（国科发资〔2017〕261号）。

（5）《财政部 科技部 教育部 发展改革委关于进一步做好中央财政科研项目资金管理等政策贯彻落实工作的通知》（财科教〔2017〕6号）。

（6）《国务院关于优化科研管理提升科研绩效若干措施的通知》（国发〔2018〕25号）。

（7）《财政部关于进一步完善中央财政科技和教育资金预算执行管理有关事宜的通知》（财库〔2018〕96号）。

（8）《科技部 财政部关于进一步优化国家重点研发计划项目和资金管理的通知》（国科发资〔2019〕45号）。

（9）《国务院办公厅关于改革完善中央财政科研经费管理的若干意见》（国办发〔2021〕32号）。

（10）《财政部 科技部关于印发〈国家重点研发计划资金管理办法〉的通知》（财教〔2021〕178号）。

（11）《科技部办公厅关于进一步完善国家重点研发计划项目综合绩效评价财务管理的通知》（国科办资〔2021〕137号）。

……

4. 评价审计项目组成员是否能够遵守相关职业道德要求

《中国注册会计师职业道德守则第1号——职业道德基本原则》第七

条规定："注册会计师应当遵循下列职业道德基本原则：（一）诚信；（二）客观公正；（三）独立性；（四）专业胜任能力和勤勉尽责；（五）保密；（六）良好职业行为"。会计师事务所在业务承接前，注册会计师应当评价审计项目组成员是否能够遵循这些基本原则。

（1）诚信是我国社会主义核心价值观的重要组成部分，是社会主义道德建设的重要内容，是构建社会主义和谐社会的重要纽带，同时也是社会主义市场经济运行的基础。对注册会计师行业来说，诚信是注册会计师行业存在和发展的基石，在职业道德基本原则中居于首要地位。因此注册会计师在执业过程中应当遵循诚信原则，在所有的职业活动中保持正直、诚实守信。

（2）注册会计师应当遵循客观公正原则，公正处事，实事求是，不得由于偏见、利益冲突或他人的不当影响而损害自己的职业判断。如果存在对职业判断产生过度不当影响的情形，注册会计师不得从事与之相关的执业活动。

（3）独立性是鉴证业务的灵魂。注册会计师应当遵循独立性原则，从实质上和形式上保持独立性，不得因任何利害关系影响其客观公正。

（4）注册会计师应当遵循专业胜任能力和勤勉尽责原则。根据该原则的要求，注册会计师应当获取并保持应有的专业知识和技能，确保为客户提供具有专业水准的服务，做到勤勉尽责；注册会计师应当通过教育、培训和执业实践获取和保持专业胜任能力；注册会计师应当持续了解并掌握当前法律、技术和实务的发展变化，将专业知识和技能始终保持在应有的水平，在运用专业知识和技能时，注册会计师应当合理运用职业判断；注册会计师应当勤勉尽责，即遵守职业准则的要求并保持应有的职业怀疑，认真、全面、及时地完成工作任务；注册会计师应当采取适当措施，确保在其授权下从事专业服务的人员得到应有的培训和督导；在适当时，注册会计师应当使客户或专业服务的其他使用者了解专业服务的固有局限。

（5）注册会计师应当遵循保密原则，对职业活动中获知的涉密信息保密。根据该原则，注册会计师应当遵守下列要求：警觉无意中泄密的可能性，包括在社会交往中无意中泄密的可能性，特别要警觉无意中向关系密切的商业伙伴或近亲属泄密的可能性；对所在会计师事务所内部的涉密信息保密；对职业活动中获知的涉及国家安全的信息保密；对拟承接的客户向其披露的涉密信息保密；在未经客户授权的情况下，不得向会计师事务所以外的第三方披露其所获知的涉密信息，除非法律法规或职业准则规定注册会计师在这种情况下有权利或义务进行披露；不得利用因职业关系而获知的涉密信息为自己或第三方谋取利益；不得在职业关系结束后利用或披露因该职业关系获知的涉密信息；采取适当措施，确保下级员工以及为注册会计师提供建议和帮助的人员履行保密义务。

如果注册会计师遵循保密原则，信息提供者通常可以放心地向注册会计师提供其从事执业活动所需的信息，而不必担心该信息被其他方获知，这有利于注册会计师更好地维护公众利益。

（6）注册会计师应当遵循良好职业行为原则，爱岗敬业，遵守相关法律法规，避免发生任何可能损害职业声誉的行为。注册会计师不得在明知的情况下，从事任何可能损害诚信原则、客观公正原则或良好职业声誉，从而可能违反职业道德基本原则的业务、职务或活动。如果一个理性且掌握充分信息的第三方很可能认为某种行为将对良好的职业声誉产生负面影响，则这种行为属于可能损害职业声誉的行为。注册会计师在向公众传递信息以及推介自己和工作时，应当客观、真实、得体，不得损害职业形象。注册会计师应当诚实、实事求是，不得有下列行为：夸大宣传提供的服务、拥有的资质或获得的经验；贬低或无根据地比较他人的工作。

5. 就审计业务约定条款能否与被审计单位达成一致意见

会计师事务所在做出是否接受或保持客户关系和是否接受业务委托时，注册会计师需要按照《中国注册会计师审计准则第 1111 号——就审计业务约定条款达成一致意见》的规定，在审计业务开始前与被审计单位或项目（课题）负责人充分沟通，是否明确知悉对于审计报告保证程度、使用范围，是否存在不切实际的结果预期，或超出职责权限的承诺，就审计业务约定条款达成一致意见，以避免双方对审计业务的理解产生分歧。

（1）确定被审计单位对科研项目（课题）资金核算所依据的会计准则（制度）是否是可接受的。科研项目（课题）承担单位是多元的，包括企业单位、事业单位、高等院校、科研院所、医院等，不同单位执行不同的会计准则（制度），因此要确定这些单位资金核算所依据的会计准则（制度）是否是可接受的。

（2）就被审计单位、项目（课题）负责人认可并理解其责任与被审计单位及项目（课题）负责人达成一致意见。被审计单位、项目（课题）负责人的责任通常包括：

①根据《中华人民共和国会计法》规定，被审计单位有责任保证会计资料的真实性和完整性。因此，被审计单位有责任妥善保存和提供会计记录（包括但不限于会计凭证、会计账簿及其他会计资料），这些记录必须真实、完整地反映科研项目（课题）资金投入、使用和管理情况。

②被审计单位按照适用的会计准则和财务制度设置会计科目进行核算和财务管理。将科研项目（课题）资金纳入单位财务统一管理，对中央财政资金和其他来源的资金分别单独核算，确保专款专用。

③被审计单位是科研项目（课题）实施和资金管理使用的责任主体，负责项目（课题）资金的日常管理和监督工作，保证资金投入、使用、管理符合科研项目（课题）资金管理相关法律法规以及经批准的本项目（课题）任务书的规定。项目（课题）负责人是项目（课题）资金使用的直接责任人，对资金使用的合规性、合理性、真实性和相关性负责；按照政策相符性、目标相关性和经济合理性原则，科学、合理、真实地编制预算，严格项目（课题）资金预算管理；按照承诺保证其他来源的资金及时足额到位；严格执行国家有关财经法规和财务制度，切实履行法人责任；建立健全项目（课题）资金内部管理制度和报销规定；严格执行国家科研项目（课题）资金有关支出管理制度；严格按照资金开支范围和标准办理支出。

④及时为注册会计师的审计工作提供与审计有关的所有记录、文件和其他所需的信息，对所提供的与科研项目（课题）结题审计相关的资料负

责，并保证资料真实、合法、完整。对于这些信息中存在的涉密或敏感信息，及时明确地告知注册会计师，要求注册会计师履行保密义务。

⑤确保注册会计师不受限制地接触其认为必要的内部人员和其他相关人员。

如果审计的前提条件不存在，注册会计师应当按照《中国注册会计师审计准则第 1111 号——就审计业务约定条款达成一致意见》第八条的规定，与被审计单位及项目（课题）负责人进行沟通，并根据具体情况判断承接审计业务是否适当。

（二）审计初步风险判断与应对

针对客户关系和具体业务的保持与接受，会计师事务所就是否接受或保持某项客户关系或具体业务所做出的判断是否适当，应根据《会计师事务所质量管理准则第 5101 号——业务质量管理》的规定，充分考虑下列方面：（1）会计师事务所是否针对业务的性质和具体情况以及客户（包括客户的管理层和治理层）的诚信和道德价值观获取了足以支持上述判断的充分信息；（2）会计师事务所是否具备按照适用的法律法规和职业准则的规定执行业务的能力。

会计师事务所应当在客户关系和具体业务的保持与接受方面树立风险意识，确保项目风险评估真实、到位。对于在客户关系和具体业务的保持与接受方面具有较高风险的客户，会计师事务所应当设计和实施专门的质量管理程序，如加强与前任注册会计师的沟通、与相关监管机构沟通、访谈拟承接客户以了解有关情况、加强内部质量复核等。对于从其他会计师事务所转入人员带来的客户，会计师事务所应当严格执行与客户关系和具体业务的保持与接受相关的程序，审慎承接新客户。

针对客户关系和审计业务的保持与接受，注册会计师应当按照《中国注册会计师审计准则第 1121 号——对财务报表审计实施的质量管理》的规定，实施相应的程序。在首次接受审计委托时，注册会计师应当针对建立客户关系和承接具体审计业务，实施相应的质量管理程序；在连续审计时，注册会计师应当针对保持客户关系和具体审计业务，实施相应的质量管理程序。

1. 注册会计师应与被审计单位管理层和项目（课题）负责人讨论科研项目（课题）结题审计中的重大问题，包括这些重大问题对计划审计工作的影响；充分考虑被审计单位此前接受审计的情况，考虑被审计项目（课题）是否涉密，如果涉密，是否具备法律法规要求承接涉密审计业务的条件和能力。

2. 在经过初步风险判断决定承接该业务后，事务所应分派了解科研项目（课题）资金投入、使用和管理特点，熟悉相关法律法规政策，并具备专业胜任能力的审计人员。针对预见到的特别风险，分派具有适当经验且专业胜任能力较强的审计人员。

3. 审计项目负责人应当确信有关客户关系和具体审计业务保持与接受的质量控制程序已得到恰当遵守，形成的有关结论是适当的并已记录于工作底稿。无论有关审计业务接受与保持的决策过程是否由项目负责人发起，项目负责人都应当确定最近的决策是否适当。项目负责人在确定客户关系和具体审计业务的保持与接受是否适当时，应当考虑下列主要事项：被审计单位的主要股东、关键管理人员和治理层是否诚信；项目组是否具有执行审计业务的专业胜任能力以及必要的时间和资源；会计师事务所和项目组能否遵守职业道德规范。

4. 如果项目负责人在接受审计业务后获知了某项信息，而该信息若在接受业务前获知，可能导致会计师事务所拒绝该项业务，项目负责人应当立即将该信息告知会计师事务所，以使会计师事务所和项目负责人能够采取必要的行动。

5. 项目负责人应当确信项目组整体具有适当的素质、专业胜任能力以及必要的时间，能够按照法律法规、职业道德规范和审计准则的规定执行审计业务，并根据具体情况出具恰当的审计报告。

在审计实践中，初步审计业务的底稿编制主要包括：

（1）梳理初步业务活动审计程序，见示例 2-3《初步业务活动审计程序表》。

【示例2－3】初步业务活动审计程序表见表2－2。

表2－2　　初步业务活动审计程序表

被审计单位名称			签字	时间	索引号
项目（课题）名称		编制人			
项目（课题）执行期间		复核人			
初步业务活动的目标					
评价是否接受业务委托。如接受业务委托，确保在计划审计工作时达到下列要求：					
1. 具备执行业务所需的独立性和专业胜任能力 2. 不存在因被审计单位管理层或项目（课题）负责人诚信问题，影响注册会计师承接或保持该项业务意愿的事项 3. 与被审计单位之间不存在对业务约定条款的误解					

初步业务活动审计程序	索引号	执行人
1. 与委托人面谈，讨论如下事项		
（1）审计目标		
（2）审计报告的格式和用途		
（3）管理层及项目（课题）负责人的责任		
（4）审计范围		
（5）委托方对审计时间和报告时间的要求		
（6）会计记录是否完整和具有可审性		
（7）经费资金来源		
（8）项目（课题）审计（检查）情况，存在的问题及整改情况		
（9）审计收费的计算基础和安排		
2. 必要时，与被审计单位主管单位、项目管理专业机构等进行沟通，或查阅相关资料，分析判断被审计单位关键管理人员、项目（课题）负责人的诚信情况		
3. 评价是否具备执行该项审计业务所需的独立性和专业胜任能力		
4. 签订审计业务约定书		

（2）对初步业务活动做出整体评价，见示例2－4《初步业务活动评价表》。

【示例2－4】初步业务活动评价表见表2－3。

表2－3　　　　　　　　　　初步业务活动评价表

被审计单位名称			签字	时间	索引号
项目（课题）名称		编制人			
项目（课题）执行期间		复核人			

初步业务活动的目标

评价是否接受业务委托。如接受业务委托，确保在计划审计工作时达到下列要求：

1. 具备执行业务所需的独立性和专业胜任能力

2. 不存在因被审计单位管理层或项目（课题）负责人诚信问题，影响注册会计师承接或保持该项业务意愿的事项

3. 与被审计单位之间不存在对业务约定条款的误解

评价要点	评价描述	备注
1. 与委托人面谈，讨论如下事项		
（1）审计目标	按照审计准则和《中央财政科技计划项目（课题）结题审计指引》的要求，对中央财政科技计划项目（课题）执行结题审计工作，出具结题审计报告。审计报告要客观反映科研项目（课题）资金投入、使用和管理具体情况，同时披露审计中发现的问题并提出相关建议	
（2）审计报告的格式及用途	按照《中央财政科技计划项目（课题）结题审计指引》的报告格式出具审计报告。审计报告仅供科研资金管理使用	
（3）管理层及项目（课题）负责人的责任	被审计单位是科研项目（课题）实施和资金管理使用的责任主体，负责项目（课题）资金的日常管理和监督工作，保证资金投入、使用、管理符合科研项目（课题）资金管理相关法律法规以及经批准的本项目（课题）任务书的规定。项目（课题）负责人是项目（课题）资金使用的直接责任人，对下列方面负责： ①资金使用的合规性、合理性、真实性和相关性； ②按照政策相符性、目标相关性和经济合理性原则，科学、合理、真实地编制预算，严格项目（课题）资金预算管理；	

续表

评价要点	评价描述	备注
(3) 管理层及项目（课题）负责人的责任	③按照承诺保证其他来源的资金及时足额到位； ④严格执行国家有关财经法规和财务制度，切实履行法人责任，建立健全项目（课题）资金内部管理制度和报销规定； ⑤严格执行国家科研项目（课题）资金有关支出管理制度； ⑥严格按照资金开支范围和标准办理支出	
(4) 审计范围	对××承担的、××××年经××××批准立项的“×××计划（专项）”“××××”项目的“××××”课题截至结题审计基准日（××××年××月××日）的科研项目资金投入、使用和管理情况进行审计	
(5) 委托方对审计时间和报告时间的要求	年 月 日之前出具正式审计报告	
(6) 会计记录是否完整和具有可审性	将科研项目（课题）资金纳入单位财务统一管理，对中央财政资金和其他来源的资金分别单独核算，确保专款专用。使用的财务软件为××	
(7) 经费资金来源	中央财政资金： 万元 其他来源资金： 万元	
(8) 项目（课题）审计（检查）情况，存在的问题及整改情况	内审、外部检查发现的问题及整改情况	
(9) 审计收费的计算基础和安排		
(10) 管理层需要提供的协助条件		
2. 必要时，与被审计单位主管单位、项目管理专业机构等进行沟通，或查阅相关资料，分析判断被审计单位关键管理人员、项目（课题）负责人的诚信情况		

续表

评价要点	评价描述	备注
3. 评价是否具备执行该项审计业务所需的独立性和专业胜任能力	（1）审计项目组成员签署独立性声明书，遵守相关职业道德要求； （2）审计项目组成员具备执行业务所需的专业胜任能力，拥有财务、会计、审计方面的知识和经验，熟悉中央财政科技计划项目（课题）资金管理相关的法律法规和政策，并接受过中央财政科技计划项目（课题）结题审计相关培训； （3）审计项目组具备执行业务所需的必要时间和资源	
评价结论	是/否接受业务委托	

（3）针对胜任能力和独立性进行评估，见示例2－5《遵守相关职业道德情况评估记录表》。

【示例2－5】遵守相关职业道德情况评估记录表见表2－4。

表2－4　　　　遵守相关职业道德情况评估记录表

<table>
<tr><td>被审计单位（课题承担单位）：</td><td rowspan="2">编制人：</td><td rowspan="2">编制日期：</td><td rowspan="2">索引号：</td></tr>
<tr><td>项目（课题）名称：</td></tr>
<tr><td>项目（课题）编号：</td><td rowspan="2">复核人：</td><td rowspan="2">复核日期：</td><td rowspan="2">页次：</td></tr>
<tr><td>项目（课题）执行期间：</td></tr>
<tr><td colspan="4">审计目标：针对胜任能力和独立性进行评估
审计方法：询问、检查</td></tr>
<tr><td colspan="4">1. 评价会计师事务所是否具备足够的人员：
会计师事务所是/否为本项目配备了足够的人员？</td></tr>
<tr><td colspan="4">2. 评价项目组人员的专业素质和专业经验：
项目组人员是/否熟悉科研项目（课题），在专业知识、职业技能、职业价值观、道德与态度、实务经历等方面是/否均能胜任，事务所是/否具备了符合标准和资格要求的项目质量控制复核人员。</td></tr>
<tr><td colspan="4">3. 评价会计师事务所和项目组的独立性：
会计师事务所和项目组人员与被审计单位是/否存在雇佣关系，是/否存在专业服务收费以外的直接或间接经济利益，是/否存在有损于独立性的任何事项。</td></tr>
<tr><td colspan="4">4. 结论：
事务所和审计项目组是/否具备专业胜任能力和独立性。</td></tr>
</table>

（4）要求审计项目组成员签署独立性声明书，见示例2－6《独立性声明书》。

【示例2－6】独立性声明书如下。

独立性声明书

索引号：

××××事务所：

本人接受委派对××单位承担的××项目（课题）进行审计，现就本人在接受委派前及执行该项业务过程中有关独立性作出如下声明：

1. 本人承诺在执行该项业务过程中遵守《中国注册会计师审计准则》和《中央财政科技计划项目（课题）结题审计指引》的相关规定，遵守会计师事务所职业道德规范相关政策与程序，遵守独立、客观、公正的原则，保持应有的职业谨慎、专业胜任能力及应有的关注，勤勉尽责，并对执行该项业务过程中获知的信息保密。

2. 本人承诺在执行该项业务过程中保持形式上和实质上的独立，不因任何利害关系影响客观、公正的立场。

3. 本人承诺未兼任与所执行的业务不兼容的其他职务。

4. 本人承诺在执行该项业务时，做到实事求是，不为他人所左右，也不因个人好恶影响分析、判断的客观性。

5. 本人承诺在执行该项业务时，做到正直、诚实，不偏不倚地对待有关利益各方。

6. 本人承诺本人或与本人关系密切的家庭成员与该客户及其关联方之间不存在及不发生以下可能损害独立性的情况和关系：

（1）曾是客户及其关联方的董事、经理、其他关键管理人员或能够对该项业务产生直接重大影响的员工；

（2）为该客户及其关联方提供直接影响该项业务对象的其他服务；

（3）为该客户及其关联方编制属于该项业务对象的数据或其他记录；

（4）与该客户及其关联方长期交往，存在超越业务范围的私人关系；

（5）接受该客户及其关联方或其董事、经理、其他关键管理人员或能够对该项业务产生直接重大影响的员工的贵重礼品或超出社会礼仪的款待；

（6）购买该客户及其关联方的股票或对其拥有股权投资；

（7）与该客户及其关联方存在其他紧密的合资与合作关系；

（8）向该客户及其关联方贷款或作为该客户及其关联方借款的担保人，或从该客户及其关联方处取得贷款，或由该客户及其关联方担保而取得贷款；

（9）受托或代理该客户及其关联方的资产或业务并获得经济利益；

（10）在执行该项业务过程中利用该客户关系购买该客户提供的产品或劳务。

7. 本人承诺在接受委派及执行该项业务过程中将注意到的违反独立性要求或对独立性造成威胁的情况和关系及时告知会计师事务所。

8. 本人承诺对在执行该业务过程中获知的全部非公开信息予以保密，不与任何无关人员（包括会计师事务所与该业务无关人员）谈及相关信息。

9. 本人承诺一旦本人有计划或寻求在该客户及其关联方任职，本人将立即停止执行该项业务并报告该项目负责人。

10. 本人确信上述声明不存在任何虚假、误导性陈述或重大遗漏，并对其内容的真实性负责。

审计人员签名：

年　　月　　日

（5）对是否接受业务委托进行综合评价，见示例 2－7《业务承接评价表》。

【示例 2－7】 业务承接评价表见表 2－5。

表 2－5　　　　业务承接评价表

被审计单位（课题承担单位）：	编制人：	编制日期：	索引号：
项目（课题）名称：			
项目（课题）编号：	复核人：	复核日期：	页次：
项目（课题）执行期间：			

续表

业务承接途径：	客户委托（ ）			
委托单位情况	单位名称			
	单位性质		委托业务类型	
	联系人		联系电话	
	报告出具时间要求	年 月 日之前出具正式审计报告		
	其他要求			
项目经理意见	以往审计该单位业务中或通过其他途径了解，是否发现被审计单位及其关键管理人员、项目（课题）负责人不诚信情况		是（ ） 否（ ）	
	是否已与被审计单位说明其承担的会计责任、业务约定条款、审计收费、需提供的协助条件等要求		是（ ） 否（ ）	
	专业胜任能力		具备（ ） 不具备（ ）	
	时间是否满足		满足（ ） 不满足（ ）	
	是否具备独立性		具备（ ） 不具备（ ）	
	人员配备方面是否满足需求		是（ ） 否（ ）	
	项目风险评估等级：			
	承接意见		承接（ ） 不承接（ ）	
	项目经理签字		日期：	
部门经理意见	项目风险评估等级：			
	承接意见		承接（ ） 不承接（ ）	
	部门经理签字		日期：	
主任会计师意见	项目风险评估等级：			
	承接意见		承接（ ） 不承接（ ）	
	主任会计师签字		日期：	
最终评价结论	承接（ ） 不承接（ ）			

金十七在《让数字说话——审计，就这么简单》一书里面这样描述审计项目的风险控制：“高明的审计应该是从一开始接一个新客户时，就将高风险排除掉。这样等到审计师要做审计现场工作时，已经不会有大的风

险了，现场工作仅仅是为了防止意外，以及控制一些剩余的风险”。[①] 我觉得很有道理。

（三）审计业务约定书的签订

注册会计师就审计业务约定条款与委托人（被审计单位）达成一致意见后，应着手与委托人（被审计单位）签订审计业务约定书。审计业务约定书应由会计师事务所和委托人（被审计单位）双方的法定代表人或其授权人共同签订，并加盖委托人和会计师事务所的印章。签订后的审计业务约定书具有法定约束力，具有其他根据《中华人民共和国民法典》签订的经济合同一样（同等）的法律效力，成为委托人和受托人双方之间在法律上的生效契约。如果出现法律诉讼，它是确定双方责任的首要依据之一。从审计工作本身来看，当委托和受托目标全部实现后，即审计工作全部完成后，注册会计师应将审计业务约定书妥善保管，作为一项重要的审计工作底稿资料纳入审计档案管理。

签订审计业务约定书的目的是明确委托人与受托人的责任与义务，敦促双方遵守约定事项并加强合作，以保护会计师事务所和委托人（被审计单位）各自的利益。签订审计业务约定书的过程，就是会计师事务所与委托人（被审计单位）之间相互了解的过程，体现在会计师事务所对委托目的、被审计单位基本概况等方面的了解，也体现在被审计单位对审计目的、审计范围、审计依据、审计责任等的了解，有利于加强双方的合作。另外，通过签订审计业务约定书可以明确义务，划分责任，审计业务约定书对双方的责任和义务做出明确的规定，以求尽可能减少各方对另一方的误解，减少审计业务中涉及处理事项的互相推诿现象。如果出现法律诉讼，审计业务约定书是确定会计师事务所和委托人双方应负责任的重要依据。

1. 审计业务约定书的主要内容

（1）审计业务约定书的具体内容可能因被审计项目（课题）的不同

---

① 孙含晖，王苏颖，阎歌．让数字说话——审计，就这么简单［M］．北京：机械工业出版社，2016：117.

而存在差异，但应当包括下列主要方面：

①中央财政科技计划项目（课题）结题审计的目标和范围；

②注册会计师的责任；

③被审计单位、项目（课题）负责人的责任；

④科研项目（课题）资金投入、使用和管理的标准和依据；

⑤拟出具的审计报告的预期形式和内容，以及对在特定情况下出具的审计报告可能不同于预期形式和内容的说明。

(2) 审计业务约定书还可能包括下列主要方面：

①详细说明审计工作的范围，包括提及适用的法律法规、审计准则，以及中国注册会计师协会发布的职业道德守则和其他公告；

②对审计业务结果的其他沟通形式；

③说明由于审计和内部控制的固有限制，即使审计工作按照审计准则和《中央财政科技计划项目（课题）结题审计指引》的规定得到恰当的计划和执行，仍不可避免地存在某些重大违规未被发现的风险；

④计划和执行审计工作的安排，包括审计项目组的构成；

⑤管理层及项目（课题）负责人确认将提供书面声明；

⑥管理层及项目（课题）负责人同意向注册会计师及时提供科研项目（课题）结题审计相关资料，以使注册会计师能够按照预定的时间表完成审计工作；

⑦收费的计算基础和收费安排；

⑧管理层及项目（课题）负责人确认收到审计业务约定书并同意其中的条款。

(3) 如果情况需要，审计业务约定书也可列明下列内容：

①在某些方面对利用其他注册会计师和专家工作的安排；

②利用被审计单位员工工作的安排；

③说明对注册会计师责任可能存在的限制；

④注册会计师与被审计单位之间需要达成进一步协议的事项；

⑤向其他机构或人员提供审计工作底稿的义务。

2. 审计业务约定条款的变更

《中国注册会计师审计准则第 1111 号——就审计业务约定条款达成一致意见》规定：在缺乏合理理由的情况下，注册会计师不应同意变更审计业务约定条款；在完成审计业务前，如果被审计单位或委托人要求将审计业务变更为保证程度较低的业务，注册会计师应当确定是否存在合理理由予以变更；如果审计业务约定条款发生变更，注册会计师应当与管理层就新的业务约定条款达成一致意见，并记录于审计业务约定书或其他适当形式的书面协议中；如果注册会计师不同意变更审计业务约定条款，而管理层又不允许继续执行原审计业务，注册会计师应当在适用的法律法规允许的情况下，解除审计业务约定；确定是否有约定义务或其他义务向治理层、所有者或监管机构等报告该事项。

如果管理层或治理层在拟议的审计业务约定条款中对审计工作的范围施加限制，以致注册会计师认为这种限制将导致其无法表示意见，注册会计师应当按照《中国注册会计师审计准则第 1111 号——就审计业务约定条款达成一致意见》第七条的规定，不应将该项业务作为审计业务予以承接。

3. 登录科技部结题审计服务系统上传业务约定书

注册会计师就审计业务约定条款与委托人（被审计单位）达成一致意见后，会计师事务所应于审计业务约定书签订后三个工作日内登录科技部结题审计服务系统，上传审计业务约定书，绑定相关项目（课题）审计业务，此后双方不能无故终止审计合作。审计业务执行完毕，事务所应将审计报告及相关附件上传到结题审计服务系统存档，并经由系统打印带条形码的审计报告提供给委托方。

在实践中，审计业务约定书的相关条款可以参考示例 2-8《审计业务约定书》。

【示例 2-8】 审计业务约定书如下。

审计业务约定书

甲方：ABC 项目（课题）承担单位（或专业机构）

乙方：××会计师事务所

兹由甲方委托乙方对20××年立项的××科研项目（课题）结题进行审计，经双方协商，达成以下约定：

一、审计目标和范围

1. 乙方接受甲方委托，对ABC项目（课题）承担单位承担的“××”项目的“××”课题自20××年××月至20××年××月（按照任务书填写）的科研项目（课题）资金投入、使用和管理情况进行审计。[可以根据实际情况详细列明需要审计的课题承担单位名称]。

2. 乙方按照中国注册会计师审计准则（以下简称审计准则）和《中央财政科技计划项目（课题）结题审计指引》的要求，对中央财政科技计划项目（课题）结题执行审计，出具审计报告，以报告项目（课题）承担单位按照科研项目（课题）资金管理相关法律法规以及经批准的项目（课题）任务书的规定，对科研项目（课题）资金投入、使用和管理的具体情况，同时报告审计中发现的问题并提出相关建议。

二、甲方的责任

1. 根据《中华人民共和国会计法》，甲方有责任保证会计资料的真实性和完整性。因此，甲方有责任妥善保存和提供会计记录（包括但不限于会计凭证、会计账簿及其他会计资料），这些记录必须真实、完整地反映科研项目（课题）资金投入、使用情况。

2. 甲方按照适用的会计准则和财务制度，设置会计科目进行核算和财务管理。将科研项目（课题）资金纳入单位财务统一管理，对中央财政资金和其他来源的资金分别单独核算，确保专款专用。

3. 甲方及项目（课题）负责人是科研项目（课题）实施和资金管理使用的责任主体，负责项目（课题）资金的日常管理和监督工作，保证科研项目（课题）资金投入、使用和管理符合科研项目（课题）资金管理相关法律法规以及经批准的本项目（课题）任务书的规定。按照政策相符性、目标相关性和经济合理性原则，科学、合理、真实地编制预算，严格项目（课题）资金预算管理；按照承诺保证其他来源的资金及时足额到位；严格执行国家有关财经法规和财务制度，切实履行法人责任，建立健全项目（课题）资金内部管理制度和报销规定；严格执行国家科研项目（课题）资金有关支出管理制度；严格按照资金开支范围和标准办理支出。

4. 及时为乙方的审计工作提供与审计有关的所有记录、文件和其他所需的信息，对所提供的与科研项目（课题）结题相关的资料负责，并保证资料真实、合法、完整。对于项目（课题）或某些资料中涉及的涉密信息，甲方应及时告知乙方，以便乙方采取必要的保密应对措施。

5. 确保乙方不受限制地接触其认为必要的甲方内部人员和其他相关人员。

6. 甲方管理层及项目（课题）负责人对其做出的与审计有关的声明予以书面确认。

7. 为乙方派出的有关工作人员提供必要的工作条件和协助，乙方将于外勤工作开始前提供主要审计事项清单。

8. 按照本约定书的约定及时足额支付审计费用以及与审计相关的其他费用。

9. 乙方的审计不能减轻甲方、甲方管理层及项目（课题）负责人的责任。

三、乙方的责任

1. 乙方按照审计准则和《中央财政科技计划项目（课题）结题审计指引》的要求执行审计工作。审计准则和《中央财政科技计划项目（课题）结题审计指引》要求注册会计师遵守中国注册会计师职业道德守则。在执行审计的过程中，乙方需要运用职业判断。

2. 乙方识别和评估由于舞弊或错误导致的科研项目（课题）资金投入、使用和管理重大违规风险，设计和实施审计程序以应对这些风险，并获取充分、适当的审计证据，作为发表审计意见的基础。由于舞弊可能涉及串通、伪造、故意遗漏、虚假陈述或凌驾于内部控制之上，未能发现由于舞弊导致的重大违规的风险高于未能发现由于错误导致的重大违规的风险。

3. 乙方了解与科研项目（课题）资金投入、使用和管理相关的内部控制，以设计恰当的审计程序，但目的并非对内部控制的有效性发表意见。

4. 在审计过程中，乙方若发现甲方存在乙方认为值得关注的内部控制缺陷，应以书面形式向甲方管理层或负责人通报。但乙方通报的各种事项，并不代表已全面说明所有可能存在的缺陷或已提出所有可行的改进建议。甲方在实施乙方提出的改进建议前应全面评估其影响。未经乙方书面许可，甲方不得向任何第三方提供乙方出具的沟通文件，除非法律法规另有要求。

5. 由于审计和内部控制的固有限制，即使按照审计准则和《中央财政科技计划项目（课题）结题审计指引》的规定适当地计划和执行审计工作，仍无法避免科研项目（课题）资金投入、使用和管理的某些重大违规事项可能未被乙方发现的风险。

6. 按照约定时间完成审计工作，出具审计报告。乙方应于20××年×月×日前出具审计报告。

7. 除下列情况外，乙方应当对执行业务过程中知悉的甲方信息予以保密：(1) 法律法规允许披露，并取得甲方的授权；(2) 根据法律法规的要求，为法律诉讼、仲裁准备文件或提供证据，以及向监管机构报告发现的违法行为；(3) 在法律法规允许的情况下，在法律诉讼、仲裁中维护自己的合法权益；(4) 接受中国注册会计师协会或监管机构的执业质量检查，答复其询问和调查；(5) 法律法规、执业准则和职业道德规范规定的其他情形。对执业过程中获知的涉密信息按照国家涉密相关管理要求严格管理。

四、审计收费

1. 本次审计服务的收费是以乙方各级别工作人员在本次工作中所耗费的时间为基础计算的。乙方预计本次审计服务的费用总额为人民币××万元。

2. 甲方应于本约定书签署之日起××日内支付×%（即：××万元）

的审计费用，其余款项（××万元）于［审计报告草稿完成日］结清。

3. 如果由于无法预见的原因，致使乙方从事本约定书所涉及的审计服务实际时间较本约定书签订时预计的时间有明显增加或减少，甲、乙双方应通过协商，相应调整本部分第1段所述的审计费用。

4. 如果由于无法预见的原因，致使乙方人员抵达甲方的工作现场后，本约定书所涉及的审计服务中止，甲方不得要求退还预付的审计费用；如上述情况发生于乙方人员完成现场审计工作，并离开甲方的工作现场之后，甲方应另行向乙方支付人民币××元的补偿费，该补偿费应于甲方收到乙方的收款通知之日起××日内支付。

五、审计报告和审计报告的使用

1. 乙方按照审计准则和《中央财政科技计划项目（课题）结题审计指引》规定的格式和类型出具审计报告。在特定情况下，根据委托方要求的格式和内容出具审计报告。

2. 乙方向甲方致送审计报告一式×份。

3. 审计报告仅供甲方的中央财政科技计划项目（课题）科研资金管理使用。非法律、行政法规规定，审计报告的全部或部分内容不得提供给其他任何单位和个人，不得见诸公共媒体。审计报告正文部分及附表不可分割，应一同阅读使用。对任何因审计报告使用不当产生的后果，与执行本审计业务的乙方及签字注册会计师无关。

六、本约定书的有效期间

本约定书自签署之日起生效，并在双方履行完毕本约定书约定的所有义务后终止。但其中第三项第7段、第四、五、七、八、九、十项并不因本约定书终止而失效。

七、约定事项的变更

如果出现不可预见的情况，影响审计工作如期完成，或需要提前出具审计报告，甲、乙双方均可要求变更约定事项，但应及时通知对方，并由双方协商解决。

八、终止条款

1. 如果根据乙方的职业道德及其他有关专业职责、适用的法律法规或其他任何法定的要求，乙方认为已不适宜继续为甲方提供本约定书约定的审计服务，乙方可以采取向甲方提出合理通知的方式终止履行本约定书。

2. 在本约定书终止的情况下，乙方有权就其于终止之日前对约定的审计服务项目所做的工作收取合理的费用。

九、违约责任

甲、乙双方按照《中华人民共和国民法典》的规定承担违约责任。

十、适用的法律和争议解决

本约定书的所有方面均应适用中华人民共和国法律进行解释并受其约束。本约定书履行地为乙方出具审计报告所在地，因本约定书引起的或与本约定书有关的任何纠纷或争议（包括关于本约定书条款的存在、效力或终止，或无效的后果），双方协商确定采取以下第______种方式予以解决：

（1）向有管辖权的人民法院提起诉讼；

（2）提交××仲裁委员会仲裁。

十一、双方对其他有关事项的约定

本约定书一式两份，甲、乙双方各执一份，具有同等法律效力。

甲方：ABC项目（课题）承担单位（或专业机构）	乙方：××会计师事务所
（盖章）	（盖章）
授权代表：（签名并盖章）	授权代表：（签名并盖章）
二〇××年×月×日	二〇××年×月×日

三、计划审计工作

“凡事预则立，不预则废”。为了高质量地完成审计工作，注册会计师需要合理计划审计工作，以使审计工作以有效的方式得到执行。计划审计工作包括针对审计业务制定总体审计策略和具体审计计划。合理的审计计划有助于注册会计师适当关注重要的审计领域；有助于注册会计师及时发现和解决潜在的问题；有助于注册会计师恰当地组织和管理审计业务，以有效的方式执行审计业务；有助于选择具备必要的专业素质和胜任能力的项目组成员应对预期的风险，并有助于向项目组成员分派适当的工作；有助于指导和监督项目组成员并复核其工作；在适用的情况下，有助于协调组成部分注册会计师和专家的工作。为了使有限的审计资源得到充分应用，并取得最大的效益，需要对审计工作进行事先规划。另外，审计工作是一项复杂的系统工程，审计人员必须根据审计项目的具体情况及复杂程度事先对审计过程做出安排，包括审计目的、审计范围、审计方法、审计程序、审计小组人员配备等问题的规划。只有事先进行科学合理的计划，才能保证审计过程的顺利进行，提高审计效率。因此审计计划是贯穿于整个审计过程的一项重要工作。

（一）编制审计计划需要考虑的主要因素

1. 审计范围。注册会计师需要根据科研项目（课题）资金管理相关法律法规、被审计单位执行的会计准则和财务制度、科研项目（课题）结题相关机构的报告要求等情况，界定审计范围。注册会计师需要主要考虑下列事项：一是科研项目（课题）结题审计的报告要求。二是预期审计工作涵盖的范围，包括项目（课题）参与单位以及需审计的科研项目（课题）承担团队的数量及所在地点。三是拟利用以前年度审计工作中获取的审计证据的程度。四是与被审计单位人员的时间协调和相关数据的可获得性。

2. 审计的时间安排。明确审计业务的报告目标，以及计划审计的时间安排和所需沟通的性质，包括现场审计的时间安排、提交审计报告的时间以及预期与管理层和项目（课题）负责人沟通的重要日期等。注册会计师需要主要考虑下列事项：一是被审计单位提交相关报告的时间表。二是与管理层和项目（课题）负责人举行会谈，讨论审计工作的性质、时间安排和范围。三是与管理层和项目（课题）负责人讨论注册会计师拟出具报告的类型和时间安排以及沟通的其他事项。四是与管理层和项目（课题）负责人讨论预期在整个审计业务中对审计工作的进展进行的沟通。五是审计项目组成员之间沟通的预期性质和时间安排，包括审计会议的性质和时间安排，以及复核已执行工作的时间安排。六是预期是否需要和第三方（如专业机构）进行其他沟通，包括与审计相关的法定或约定的报告责任。

3. 审计方向。注册会计师应当考虑影响审计业务的重要因素以及审计报告使用人的需求，按照《中国注册会计师审计准则第 1221 号——计划和执行审计工作时的重要性》及其应用指南、《中国注册会计师审计准则问题解答第 8 号——重要性及评价错报》的规定确定重要性，以确定审计工作的方向，包括初步识别可能存在重大违规风险的领域，初步识别相关账户及交易，评价是否需要针对内部控制的有效性获取审计证据，识别科研项目（课题）外部监管、审计的报告要求及其他相关方面最近发生的重大变化等。值得注意的是，《中国注册会计师审计准则第 1221 号——计划和执行审计工作时的重要性》明确规定："在计划审计工作时确定的重要性（即确定的某一金额），并不必然表明单独或汇总起来低于该金额的未更正错报一定被评价为不重大。即使某些错报低于重要性，与这些错报相关的具体情形也可能使注册会计师将其评价为重大。设计审计程序以发现所有仅因其性质而可能被评价为重大的错报并不可行。然而，考虑披露中潜在错报的性质与设计应对重大错报风险的审计程序相关。此外，注册会计师在评价未更正错报对财务报表的影响时，不仅要考虑未更正错报金额的大小，还要考虑未更正错报的性质以及该错报发生的特定环境。"在实务中，重要性水平主要是考虑报告使用者的需求，可能要求把所有的错报都找出来，因此确定重要性水平时可能非常低，甚至为零，包括性质重要的小金额错报。当然，也要考虑审计成本效益原则，这主要依赖于注册会计师的职业判断。

4. 审计资源调配。注册会计师主要需考虑下列事项：一是审计项目组成员的选择以及对项目组成员审计工作的分派，包括向可能存在较高重大违规风险的领域分派具备适当经验的人员；二是项目时间预算，包括为可能存在较高重大违规风险的领域预留适当的工作时间；三是对审计项目组成员的指导、监督以及对其工作进行复核的性质、时间安排和范围，包括预期项目合伙人和经理的复核范围等；四是考虑是否需要对被审计单位的信息系统执行信息系统审计程序；五是考虑信息技术对审计程序的影响，包括数据的可获得性和对使用计算机辅助审计技术的预期；六是考虑实施远程非现场审计的资源安排。

（二）制定总体审计策略

注册会计师应当制定总体审计策略，以确定审计工作的范围、时间安排和方向，并指导具体审计计划的制订。在制定总体审计策略时，注册会计师应当考虑按照《中国注册会计师审计准则第 1121 号——对财务报表审计实施的质量管理》的要求获取的信息，并采取下列措施：

1. 确定审计业务的特征，以界定审计范围。如：被审计项目（课题）承担单位的性质，采用何种会计准则（制度）进行会计核算；被审计项目（课题）经费额度、经费来源，参与研究单位数量等；被审计单位是否设立了内部审计，如有设立，注册会计师是否能够利用内部审计的工作或利用内部审计人员提供协助以实现审计目的，如果能够利用，在哪些领域利用以及在多大程度上利用；对利用在以前审计工作中获取的审计证据（如获取的与风险评估程序和控制测试相关的审计证据）的预期；信息技术对审计程序的影响，包括数据的可获得性和对使用计算机辅助审计技术的预期；协调审计工作与中期检查或专业机构检查所获取的信息对审计工作的影响；与被审计单位人员的时间协调和相关数据的可获得性。

2. 明确审计业务的报告目标，以计划审计的时间安排和所需沟通的性质。了解被审计单位对外报告的时间表，包括中间阶段和最终阶段；与管理层或治理层举行会谈，讨论审计工作的性质、时间安排和范围；与管理层或治理层讨论注册会计师拟出具的报告的类型和时间安排以及沟通的其他事项（口头或书面沟通）；与管理层讨论预期就整个审计业务中对审计工作的进展进行的沟通；与组成部分注册会计师沟通拟出具的报告类型和时间安排，以及与组成部分审计相关的其他事项；项目组成员之间沟通的预期的性质和时间安排，包括项目组会议的性质和时间安排，以及复核已执行工作的时间安排；预期是否需要和第三方进行其他沟通，包括与审计相关的法定或约定的报告责任。

3. 根据职业判断，考虑指导项目组工作方向的重要因素，确定审计工作的方向。按照《中国注册会计师审计准则第 1221 号——计划和执行审计工作时的重要性》的规定确定重要性，并在适用的情况下考虑为组成部分确定重要性并就此与组成部分注册会计师进行沟通；初步识别重要组成部分和重要的交易、账户余额；初步识别的可能存在较高重大错报风险的领域；就项目组成员在收集和评价审计证据过程中保持质疑的思维方式和职业怀疑的必要性，向项目组成员进行强调所采用的方式；与会计师事务所内部向被审计单位提供其他服务的人员讨论可能对审计产生影响的事项；根据交易量规模，以确定注册会计师信赖内部控制是否使审计工作更有效率。

4. 确定执行业务所需资源的性质、时间安排和范围。向具体审计领域调配的资源（人力资源、技术资源或知识资源）的性质，如向高风险领域分派经验丰富的项目组成员，或委派专家处理复杂事项；向具体审计领域分配资源的多少，如分派到多个地点的参与单位审计的项目组成员人数，向高风险领域分配的审计时间预算等；何时调配这些资源，包括是在期中审计阶段还是在关键的截止日期调配资源等；如何指导与监督这些资源的利用，如预期何时召开项目组预备会和总结会，预期项目合伙人和经理如何进行复核（是现场复核还是非现场复核）；项目预算，包括为可能存在较高重大错报风险的领域预留适当的工作时间。

在审计实践中，总体审计策略的底稿编制可以参见示例2　9《总体审计策略》。

【示例 2－9】 总体审计策略见表 2－6。

表 2－6　　总体审计策略

被审计单位		签字	时间	索引号
项目（课题）名称		编制人		
项目（课题）执行期间		复核人		

一、审计范围

被审计单位名称	现场审计/非现场审计	审计时间

二、审计进度安排

执行的审计工作	时间
风险评估及计划审计工作	
控制测试程序	
实质性程序	
形成报告初稿	
与相关部门沟通	
报告复核、修改	
……	
出具正式报告	

三、人员安排

事项	职级	姓名	备注
总体审计策略制定			
风险评估程序的执行			
实质性程序			
编制审计报告			
……			

四、重要性

事项	发生额	重要性金额	备注
预算调剂			
设备费支出（中央财政资金）			
设备费支出（其他来源资金）			
……			
应付未付支出			
预计支出			
……			

续表

五、对专家工作的利用（如适用）			
利用领域	专家	主要职责及范围	利用专家工作的原因
……			

总体审计策略一经制定，注册会计师就可以针对总体审计策略中的各个事项制订具体审计计划，并考虑通过有效利用审计资源实现审计目标。制定总体审计策略和具体审计计划不是孤立或不连续的过程，而是相互紧密联系的，对其中一项的修改可能导致对另一项的相应修改。

（三）编制具体审计计划

在总体审计策略下，注册会计师应当制定具体审计计划。具体审计计划比总体审计策略更加详细，内容包括项目组成员拟实施的审计程序的性质、时间安排和范围。计划这些审计程序，会随着具体审计计划的制定逐步深入，并贯穿于审计的整个过程。例如，计划风险评估程序在审计过程的较早阶段进行，而计划进一步审计程序的性质、时间安排和范围，取决于风险评估程序的结果。此外，注册会计师可能先执行与某些类别的交易、账户余额或披露相关的进一步审计程序，再计划其他所有的进一步审计程序。具体审计计划应当包括下列内容：

1. 计划对项目组成员实施指导、监督并复核其工作的性质、时间安排和范围。根据《中国注册会计师审计准则第 1121 号——对财务报表审计实施的质量管理》规定，项目合伙人应当负责对审计项目组成员进行指导、监督并复核其工作；项目合伙人应当确定指导、监督和复核的性质、时间安排和范围符合下列要求：按照适用的法律法规和职业准则的规定，以及会计师事务所的政策和程序进行计划和执行；符合审计项目的性质和具体情况，并与会计师事务所向审计项目组分配或提供的资源相匹配。

2. 计划实施的风险评估程序。注册会计师应当实施风险评估程序，为识别和评估财务报表层次和认定层次的重大错报风险提供基础。但是，风险评估程序本身并不能为形成审计意见提供充分、适当的审计证据。风险评估程序应当包括：（1）询问管理层、适当的内部审计人员（如有），以及注册会计师判断认为可能掌握有助于注册会计师识别由于舞弊或错误导致的重大错报风险的信息的被审计单位内部其他人员；（2）分析程序；（3）观察和检查。需要询问的被审计单位内部其他人员，是注册会计师根据判断认为可能拥有某些信息的人员，这些信息有助于识别由于舞弊或错误导致的重大错报风险。

注册会计师应当按照《中国注册会计师审计准则第 1211 号——通过了解被审计单位及其环境识别和评估重大错报风险》的规定，计划风险评估程序的性质、时间安排和范围。

3. 计划实施的进一步审计程序。注册会计师应当针对评估的认定层次重大错报风险，设计和实施进一步审计程序。在设计拟实施的进一步审计程序时，注册会计师应当重点考虑以下事项：（1）关于科研项目（课题）预算安排及执行情况，注册会计师可以采用综合性审计方案或实质性审计方案，特别关注科研项目（课题）预算审批、调剂、列支内容等是否符合规定；（2）关于科研项目（课题）资金使用与管理情况，注册会计师可以采用综合性审计方案或实质性审计方案，设计相关审计程序以测试与科研项目（课题）资金支出相关的内部控制有效性，并特别关注科研项目（课题）资金支出是否与本项目（课题）研究相关等。

注册会计师应当按照《中国注册会计师审计准则第 1231 号——针对评估的重大错报风险采取的应对措施》的规定，计划进一步审计程序，包括控制测试和实质性测试的时间的性质、时间安排和范围。

4. 计划实施的其他审计程序。注册会计师需要根据审计准则的规定，计划需要实施的其他审计程序。计划实施的其他审计程序可以包括上述进一步审计程序中没有涵盖的、根据审计准则的要求注册会计师需要执行的审计程序。

（四）计划审计工作注意事项

1. 计划审计工作的性质和范围，因审计业务情况的变化、被审计单位的规模和复杂程度、项目组关键成员以前从被审计单位获得经验的不同而不同。

2. 计划审计工作并非审计业务的一个孤立阶段，而是一个持续的、不断修正的过程，贯穿整个审计业务的始终。例如，由于未预期事项的存在、条件的变化或通过实施审计程序获取的审计证据等原因，注册会计师可能需要基于修正后的风险评估结果，对总体审计策略和具体审计计划，以及相应的原计划实施的进一步审计程序的性质、时间安排和范围做出修改。

3. 会计师事务所项目合伙人和项目组其他关键成员参与计划审计工作，可以利用其经验和见解，提高计划过程的效率和效果。

第三章

风险评估和控制测试程序

风险导向审计，又称为风险基础战略系统审计，是一种基于战略观和系统观思想，经过综合评价风险以确定实质性测试的范围、时间和程序的审计方法。风险导向审计的产生主要源自美国，其核心思想是：任何审计业务都必须将审计风险控制在可接受的风险水平内。

风险导向审计的显著特点是立足于对审计风险进行系统的分析和评价，并以此作为出发点，制订审计策略和与被审计单位状况相适应的多样化审计计划，将风险考虑贯穿于整个审计过程。因为它着眼于全面的控制测试，而不是着眼于测试内部控制制度的执行效果（即符合性测试）；风险导向审计模式合理地扬弃了作为制度导向审计模式基础的“无利害关系假设”，把指导思想建立在“合理的职业怀疑假设”基础上。它不只依赖对被审计单位管理层所设计和执行内部控制制度的检查与评价，而是实事求是地对被审计单位管理层是否诚信，是否有舞弊造假的驱动，始终保持一种合理的职业警觉，将审计的视野扩大到被审计单位所处的环境，捕捉潜在的风险点，将风险评估贯穿于审计工作的全过程①。

风险导向审计首先需要解决如何进行“风险评估”和如何进行“控制测试”两个问题。“风险评估”的目标是识别和评估财务报表层次和认定

---

① 侯天柱．对现代风险导向审计的几点思考［A］．http：//bbs. canet. com. cn/thread－223518－1－1. html.

层次的重大错报风险（无论该风险由于舞弊或错误导致），从而为设计和实施针对评估的重大错报风险采取的应对措施提供基础；“控制测试”是针对评估可能存在的重大错报，从而通过设计和实施恰当的测试程序，以获取充分、适当的审计证据，将审计风险降低至可接受水平。

《中央财政科技计划项目（课题）结题审计指引》明确指出，科研经费审计“在审计准则的总体框架下，根据中央财政科技计划项目（课题）资金管理的要求，既遵从风险导向审计思路，又突出中央财政科技计划项目（课题）结题审计工作的特殊性。”因此，注册会计师在进行科研经费审计时，必须在突出其特殊性的同时，遵循风险审计的整体要求，严格履行风险评估和控制测试的相关程序。

一、风险评估程序

注册会计师应当根据《中国注册会计师审计准则第 1211 号——通过了解被审计单位及其环境识别和评估重大错报风险》的要求，通过实施风险评估程序，了解被审计单位及其环境，识别和评估科研项目（课题）资金投入、使用和管理重大错报风险。风险评估程序应当包括：询问管理层、适当的内部审计人员（如有），以及注册会计师判断认为可能掌握有助于注册会计师识别由于舞弊或错误导致的重大错报风险的信息的被审计单位内部其他人员；分析程序；观察和检查。需要询问的被审计单位内部其他人员，是注册会计师根据判断认为可能拥有某些信息的人员，如项目（课题）负责人或科研财务助理，这些信息有助于识别由于舞弊或错误导致的重大错报风险。注册会计师应当考虑在客户接受或保持过程中获取的信息是否与识别重大错报风险相关。值得注意的是，实施风险评估程序，为识别和评估科研项目（课题）资金投入、使用和管理过程中重大错报风险提供基础。但是，风险评估程序本身并不能为形成审计意见提供充分、适当的审计证据。

（一）了解被审计单位及项目（课题）基本情况

注册会计师可以从下列方面了解被审计单位及项目（课题）基本情况：

1. 了解被审计单位情况及主管部门，通常包括：

项目（课题）承担单位、参与单位基本情况及主管部门情况。

项目（课题）承担单位、参与单位在任务研究期间发生合并、分立、调整等机构变更的情况。

……

2. 了解科研项目（课题）资金管理适用的相关法律法规及其他规定。通常包括：

《国务院关于优化科研管理提升科研绩效若干措施的通知》（国发〔2018〕25 号）。

《关于进一步完善中央财政科研项目资金管理等政策的若干意见》（中办发〔2016〕50 号）。

《国务院办公厅关于改革完善中央财政科研经费管理的若干意见》（国办发〔2021〕32 号）。

《关于中央财政科技计划（专项、基金等）经费管理新旧政策衔接有关事项的通知》（财教〔2021〕173 号）。

《国家重点研发计划资金管理办法》（财教〔2021〕178 号）。

《科技部办公厅关于进一步完善国家重点研发计划项目综合绩效评价财务管理的通知》（国科办资〔2021〕137 号）。

《国家自然科学基金资助项目资金管理办法》（财教〔2021〕177 号）。

《关于国家科技重大专项（民口）资金管理有关事项的通知》（财教〔2021〕262 号）。

……

3. 了解被审计单位研究开发部门的设置，通常包括：

科研项目（课题）单位研究开发部门及人员的数量。

科研项目（课题）数量和管理模式。

科研项目（课题）组的成员与来源、技术职称结构。

科研项目（课题）人员的考核奖励制度。

……

4. 了解科研项目（课题）立项基本情况，通常包括：

项目（课题）名称。

项目（课题）编号。

项目（课题）起止时间。

项目（课题）负责人及主要研究人员。

……

5. 了解科研项目（课题）实施情况，通常包括：

是否存在承担单位、参与单位变更或项目（课题）负责人变更。

项目（课题）延期或项目（课题）任务延迟。

项目（课题）任务目标调整。

项目（课题）经费预算调剂。

……

6. 了解被审计单位对科研项目（课题）资金会计政策的选择和运用是否符合适用的会计准则、财务制度和国家有关法律法规，是否符合被审计单位的具体情况，并特别考虑下列事项：

（1）被审计单位财务人员对国家科研政策了解的程度。

（2）被审计单位是否将科研项目（课题）资金纳入单位财务统一管理，对中央财政资金和其他来源的资金是否分别单独核算，以及会计科目设置情况、资产管理情况、相关财务档案资料保存管理情况。

（3）科研项目（课题）会计核算方法。

（4）识别和确定科研项目（课题）资金支出归集的对象是否属于科研项目（课题）资金规定的范围，各类支出的识别标志、开支范围和标准。

（5）科研项目（课题）成果的验收、所有权归属等。

7. 了解被审计单位的项目（课题）在内部是否完全公开和公示，并接受内部监督。

8. 了解被审计单位对国家最新科研资金管理政策的落实情况，如：

是否根据国家最新政策制定或修订内部相关规定。

是否设置了科研财务助理以及科研财务助理的胜任能力。

……

9. 了解被审计单位是否接受过国家其他相关部门的检查和审计，是否有可利用的检查结果。

10. 了解被审计单位是否建立了内部审计机构，并开展过相关内部审计和检查，是否有可利用的内部检查结果。

在充分了解上述情况后，注册会计师应当对项目（课题）的风险做出恰当的判断，从而为设计和实施针对评估的重大错报风险采取的应对措施提供基础，并据此设计拟实施的控制测试程序和实质性程序。

在审计实践中，了解被审计单位及项目（课题）基本情况的底稿编制主要包括：

（1）了解项目（课题）承担单位及课题基本情况，详见示例 3－1《了解项目（课题）承担单位及课题基本情况表》。

【示例 3－1】了解项目（课题）承担单位及课题基本情况表见表 3－1。

表 3－1　了解项目（课题）承担单位及课题基本情况表

被审计单位： 项目（课题）名称：	编制人：	编制日期：	索引号：
项目（课题）编号： 项目（课题）执行期间：	复核人：	复核日期：	页次：

续表

了解的主要方面	了解的主要内容	识别风险事项描述	备注
对被审计单位的了解	1. 被审计单位情况及主管部门，包括承担单位、参与单位在任务研究期间发生合并、分立、调整等机构变更的情况		
	2. 被审计单位研究开发部门的设置，包括：研究开发部门及人员的数量，科研项目（课题）数量和管理模式，科研项目（课题）组的成员与来源、技术职称结构，科研项目（课题）人员的考核奖励制度		
	3. 被审计单位对科研项目（课题）资金会计政策的选择和运用是否符合适用的会计准则、财务制度和国家有关法律法规，是否符合被审计单位的具体情况		
	4. 被审计单位对国家最新科研资金管理政策的落实情况，是否根据国家最新政策制定内部相关规定，是否设置了科研财务助理以及科研财务助理的胜任能力		
	5. 被审计单位是否接受过国家其他相关部门的检查和审计，是否有可利用的检查结果；是否建立了内部审计机构，并开展过相关内部审计和检查，是否有可利用的内部检查结果；项目（课题）在内部是否完全公开和公示，并接受内部监督		
对被审计项目（课题）的了解	1. 科研项目（课题）立项基本情况，包括：项目（课题）名称、项目（课题）编号、项目（课题）起止时间、项目（课题）负责人及主要研究人员、项目（课题）基本情况等		
	2. 科研项目（课题）是否存在承担单位、参与单位变更或项目（课题）负责人变更、项目（课题）延期或项目（课题）任务延迟、项目（课题）任务目标调整、预算调剂等情况		
审计结论：			

（2）了解项目（课题）基本情况调查表，详见示例 3－2《了解项目（课题）基本情况调查表》。

【示例 3－2】 了解项目（课题）基本情况调查表见表 3－2。

表 3－2　　　　了解项目（课题）基本情况调查表

<table>
<tr><td colspan="3">被审计单位：</td><td rowspan="2">编制人：</td><td colspan="2" rowspan="2">编制日期：</td><td rowspan="2">索引号：</td></tr>
<tr><td colspan="3">项目（课题）名称：</td></tr>
<tr><td colspan="3">项目（课题）编号：</td><td rowspan="2">复核人：</td><td colspan="2" rowspan="2">复核日期：</td><td rowspan="2">页次：</td></tr>
<tr><td colspan="3">项目（课题）执行期间：</td></tr>
<tr><td colspan="2">项目编号</td><td></td><td>参与单位数量</td><td colspan="3"></td></tr>
<tr><td colspan="2">课题起止时间</td><td colspan="2"></td><td>至</td><td colspan="2"></td></tr>
<tr><td colspan="2">中央财政资金</td><td colspan="2"></td><td colspan="2">其他来源资金</td><td></td></tr>
<tr><td rowspan="12">课题承担单位</td><td>单位名称</td><td colspan="5"></td></tr>
<tr><td>单位类别</td><td colspan="5"></td></tr>
<tr><td>单位主管部门</td><td colspan="3"></td><td>隶属关系</td><td></td></tr>
<tr><td>统一社会信用代码</td><td colspan="5"></td></tr>
<tr><td>单位法定代表人姓名</td><td colspan="5"></td></tr>
<tr><td>单位开户名称</td><td colspan="5"></td></tr>
<tr><td>开户银行（全称）</td><td colspan="5"></td></tr>
<tr><td>银行账号</td><td colspan="5"></td></tr>
<tr><td>电子邮箱</td><td colspan="5"></td></tr>
<tr><td rowspan="2">通讯地址</td><td>省、直辖市、自治区</td><td colspan="3">地市（市、自治州、盟）</td><td>县市（区、旗）</td></tr>
<tr><td></td><td colspan="3"></td><td></td></tr>
<tr><td>邮政编码</td><td colspan="5"></td></tr>
<tr><td colspan="7">课题参与单位</td></tr>
<tr><td>序号</td><td>单位名称</td><td>统一社会信用代码</td><td>注册资金（万元）</td><td>成立时间</td><td>法定代表人</td><td>通讯地址</td></tr>
<tr><td>1</td><td></td><td></td><td></td><td></td><td></td><td></td></tr>
<tr><td>2</td><td></td><td></td><td></td><td></td><td></td><td></td></tr>
<tr><td rowspan="6">相关责任人</td><td rowspan="4">课题负责人</td><td>姓名</td><td colspan="2"></td><td>工作单位</td><td></td></tr>
<tr><td>固定电话</td><td colspan="2"></td><td>手机号码</td><td></td></tr>
<tr><td>电子邮箱</td><td colspan="2"></td><td>邮政编码</td><td></td></tr>
<tr><td>通讯地址</td><td colspan="4"></td></tr>
<tr><td rowspan="2">课题联系人</td><td>姓名</td><td colspan="2"></td><td>电子邮箱</td><td></td></tr>
<tr><td>固定电话</td><td colspan="2"></td><td>手机号码</td><td></td></tr>
</table>

（二）了解科研项目（课题）结题审计相关的内部控制

按照《中国注册会计师审计准则第 1211 号——通过了解被审计单位及其环境识别和评估重大错报风险》的要求，注册会计师应当了解与审计相关的内部控制。在了解与审计相关的内部控制时，注册会计师应当综合运用询问被审计单位内部人员和其他程序，以评价这些控制的设计并确定其是否得到执行。注册会计师需要针对被审计单位的内部控制五要素，即控制环境、风险评估、信息与沟通（包括相关业务流程）、控制活动、内部监督来了解和识别与科研项目（课题）结题审计相关的内部控制。

1. 了解控制环境

控制环境是被审计单位实施内部控制的基础，是所有控制运行的基础和环境条件。注册会计师需要了解控制环境各要素，以及这些要素如何被纳入被审计单位的业务流程，以评价控制环境总体上的优势是否为内部控制的其他要素奠定了适当的基础，以及这些其他要素是否未被控制环境中存在的缺陷所削弱。具体包括：

（1）了解被审计单位对诚信和道德价值观念的沟通与落实情况。通常包括：

管理层如何处理不诚实、非法或不道德行为。

在被审计单位内部，通过行为规范以及高级管理人员的身体力行，营造和保持诚信与道德价值观念。

道德行为规范是否融入被审计项目（课题）承担单位日常科研活动中，并被持续地沟通、执行和监督。

……

（2）了解被审计单位对胜任能力的重视程度。通常包括：

被审计单位财务会计人员及承担内部控制重要职责的其他人员（如科研财务助理）是否具备足够的胜任能力并接受足够的培训，能根据被审计单位的性质和复杂程度处理业务。

被审计单位是否对各岗位录用人员有明确的录用标准。

被审计单位是否强调对员工开展业务和道德培训。

被审计单位是否建立考核机制以使员工能得到正常晋升和更大的发展空间等。

……

（3）了解被审计单位管理层及项目（课题）负责人的理念和管理风格。通常包括：

了解管理层设置的经营或运营目标是否切合实际。

了解管理层对待业务风险是否持较为保守及谨慎的态度。

了解管理层是否能发挥财务职能的管控作用，并在财务管理方面体现谨慎性要求。

……

（4）了解被审计单位职权与责任的分配。通常包括：

了解被审计单位是否建立了与其实际情况（包括规模、地理位置和业务性质等）相适应的权责分工。例如，由专人负责评估科研项目（课题）的收入和支出预算控制情况，使得为实现科研项目（课题）目标所需执行的各项活动能够被适当地计划、执行、控制和监督。

了解被审计单位是否对职责分离不充分的岗位设置足够的监督。

……

（5）了解被审计单位人力资源政策。通常包括：了解被审计单位是否在人员招聘、培训、考核、晋升、薪酬、调动和辞退方面都有适当的政策和程序等。

2. 了解风险评估过程

风险评估是实施内部控制的重要环节，是被审计单位实施控制的依据。注册会计师应当了解被审计单位是否已建立风险评估过程。包括：（1）识别与科研项目（课题）资金投入、使用和管理有关的风险；（2）估计风险的重要性；（3）评估风险发生的可能性；（4）决定应对这些风险的措施。

被审计单位与科研项目（课题）资金投入、使用和管理目标相关的风险通常包括两个方面：一是资金投入风险，如编报虚假预算套取国家财政资金，虚假承诺其他来源的资金等；二是资金使用风险，集中体现为科研项目（课题）资金在使用过程中被截留、挤占、挪用的风险，以及部分科研项目（课题）资金实际使用过程中可能出现未能按照程序或规范进行操作的风险。

注册会计师需要了解管理层识别与科研项目（课题）资金投入、使用和管理目标相关的风险而采取的评估过程，通过询问管理层或者检查有关文件，确定这些风险评估过程是否发现了相关风险，并考虑这些风险是否可能导致出现重大违规。

按照《中国注册会计师审计准则第 1211 号——通过了解被审计单位及其环境识别和评估重大错报风险》的要求，如果被审计单位已建立风险评估过程，注册会计师应当了解风险评估过程及其结果。如果识别出管理层未能识别出的重大错报风险，注册会计师应当评价是否存在这类风险，即注册会计师预期被审计单位风险评估过程应当识别出而未识别出的风险。如果存在这类风险，注册会计师应当了解风险评估过程未能识别出的原因，并评价风险评估过程是否适合具体情况，或者确定与风险评估过程相关的内部控制是否存在值得关注的内部控制缺陷。如果被审计单位未建立风险评估过程，或具有非正式的风险评估过程，注册会计师应当与管理层讨论是否识别出与科研项目（课题）资金投入、使用和管理目标相关的风险以及如何应对这些风险。注册会计师应当评价缺少记录的风险评估过程是否适合具体情况，或确定是否表明存在值得关注的内部控制缺陷。

3. 了解信息系统与沟通

信息与沟通是被审计单位实施内部控制的重要条件，是贯穿于风险评估、控制活动和内部监督各要素之间的载体。注册会计师需要了解被审计单位在信息技术和人工系统中涉及科研项目（课题）资金收支交易的生成、记录、处理和报告的程序、相关会计记录和支持性信息，处理科研项目（课题）资金相关业务的过程，数据生成、记录、处理和汇总形成科研项目（课题）结题审计申报材料的过程。

审计时需要关注管理层及项目（课题）负责人凌驾于控制之上的风险，由于运用信息技术进行数据传输时，发生的篡改可能不会留下痕迹或证据，还需要了解不正确的业务处理记录是如何解决的。

另外，充分的内部沟通对于控制环境、控制活动、风险评估等各方面都起着至关重要的作用，审计人员还需要关注被审计单位是否建立了完善的内部沟通体系。同时，对于被审计单位而言，通过外部沟通获取信息也非常重要。例如，相关主管单位监管反馈信息、政策法规标准类信息（如行业管理法规、行业标准）、其他外部各方反馈的信息和投诉等，审计人员需要关注被审计单位是否对这些外部信息做出及时反应，采取相应对策。

按照《中国注册会计师审计准则第 1211 号——通过了解被审计单位及其环境识别和评估重大错报风险》的要求，注册会计师应当了解被审计单位如何沟通与财务报告相关的人员的角色和职责以及与财务报告相关的重大事项。这种沟通包括：(1) 管理层与治理层之间的沟通；(2) 外部沟通，如与监管机构的沟通。

实务中，注册会计师需要关注被审计单位是否注重信息的公开透明程度，建立信息公开制度，在单位内部公开项目（课题）立项、项目（课题）负责人、项目（课题）执行周期、主要研究人员、资金使用（重点是资金额度、间接费用、外拨资金、结余资金使用等）、大型仪器设备购置以及项目研究成果等情况，并接受内部监督。

4. 了解控制活动

控制活动是被审计单位实施内部控制的具体方式方法和手段。按照《中国注册会计师审计准则第 1211 号——通过了解被审计单位及其环境识别和评估重大错报风险》的要求，注册会计师应当了解与审计相关的控制活动。与审计相关的控制活动，是注册会计师为评估认定层次重大错报风险并设计进一步审计程序应对评估的风险而认为有必要了解的控制活动。在了解被审计单位控制活动时，注册会计师应当了解被审计单位如何应对信息技术导致的风险。

在实务中，被审计单位的资金投入和使用环节都可能存在风险，需要针对潜在风险采取相应的控制活动。注册会计师需要了解这些与审计相关的控制活动。例如，针对被审计单位对资金的投入和使用情况，注册会计师考虑的主要因素可能包括：（1）被审计单位是否制定了内部控制政策和程序用以规范科研项目（课题）资金的投入和使用；（2）被审计单位是否明确科研项目（课题）支出程序和批准权限，以防范资金支出不合规风险；（3）不相容的职责在何种程度上相分离，以降低舞弊和不当行为发生的风险等。

5. 了解对内部控制的监督

内部监督是被审计单位实施内部控制的重要保证。被审计单位对控制的监督通常包括：（1）检查控制是否按设计运行，是否根据情况的变化对控制做出适当修正，以发现和改进内部控制设计与运行中存在的问题和薄弱环节；（2）对内部控制制度的健全性、有效性进行监督。例如，在资金投入循环，重点关注是否对实际执行情况与预算情况进行比较，当实际执行情况与预算发生较大差异时，重点关注其合理性；在资金使用循环，重点关注项目（课题）进展情况是否与计划一致。

按照《中国注册会计师审计准则第 1211 号——通过了解被审计单位及其环境识别和评估重大错报风险》的要求，注册会计师应当了解被审计单位用于监督与财务报告相关的内部控制的主要活动，包括了解针对与审计相关的控制活动的监督，以及被审计单位如何对控制缺陷采取补救措施。如果被审计单位设有内部审计，注册会计师应当了解下列事项，以确定是否能够利用内部审计的工作：（1）内部审计的职能范围以及内部审计在被审计单位中的地位；（2）内部审计已实施或拟实施的活动。注册会计师应当了解被审计单位监督活动所使用信息的来源，以及管理层认为信息对于实现目的足够可靠的依据。

实务中，注册会计师在实施审计时，需要了解被审计单位对与科研项目（课题）资金投入、使用和管理相关的内部控制的监督，并了解如何采取纠正措施。监督活动可能包括利用与外部有关机构或人员沟通所获取的信息，这些外部信息可能显示内部控制存在的问题或需要改进的领域。

在审计实践中，常见的了解科研项目（课题）结题审计相关的内部控制的底稿编制主要包括：

（1）了解项目（课题）结题审计相关的内部控制，详见示例3－3《了解项目（课题）结题审计相关的内部控制表》。

【示例3－3】 了解项目（课题）结题审计相关的内部控制表见表3－3。

表3－3　　了解项目（课题）结题审计相关的内部控制表

被审计单位：		编制人：	日期：	索引号：
项目（课题）名称：				
项目（课题）编号：		复核人：	日期：	页次：
项目（课题）执行期间：				
了解的主要方面	了解的主要内容	识别风险事项描述		备注
控制环境	1. 对诚信和道德价值观念的沟通与落实			
	2. 对胜任能力的重视			
	3. 管理层及项目（课题）负责人的理念和运营风格			
	4. 职权与责任的分配			
	5. 人力资源政策与实务			
风险评估	资金投入风险和使用风险			
信息与沟通	与课题资金相关的信息系统负责对科研项目（课题）资金投入、使用、管理等信息进行收集、存储、处理、提取和传输			
控制活动	课题承担单位是否制定了内部控制政策和程序用以规范科研项目（课题）资金的投入和使用			
	课题承担单位是否明确科研项目（课题）支出程序和批准权限，以防范资金支出不合规风险			

续表

了解的主要方面	了解的主要内容	识别风险事项描述	备注
控制活动	不相容的职责在何种程度上相分离，以降低舞弊和不当行为发生的风险		
内部监督	检查控制是否按设计运行，是否根据情况的变化对控制做出适当修正，以发现和改进内部控制设计与运行中存在的问题和薄弱环节		
审计说明：			
审计结论：			

（2）了解与科研资金管理相关的法人主体责任落实情况，详见示例3－4《了解与科研资金管理相关的法人主体责任落实情况表》。

【示例3－4】了解与科研资金管理相关的法人主体责任落实情况表见表3－4。

表3－4　　了解与科研资金管理相关的法人主体责任落实情况表

被审计单位			签字	日期	索引号
项目（课题）名称		执行人			
项目（课题）执行期间		复核人			

一、制度建设情况：

内部管理办法名称	是否制定	是否执行	是否符合最新政策
科研资金会计核算管理办法			
预算调剂内部管理办法			
科研资金支出管理办法			
间接费用管理办法			
科研人员绩效管理办法或者分配制度			
项目（课题）公开相关办法			
科研财务助理制度			
……			

续表

二、其他来源资金匹配情况：
资金来源：详细描述资金来源情况，资金来源是否与任务书一致，依据是否充分合理
资金到位金额：
资金到位率：
三、审计说明：
1. 是否制定了单位内部科研资金管理办法，是否制定了预算调剂、变更申请、批复操作规程
2. 是否按照规定落实其他来源资金并确保到位、支出
3. 是否按照规定对中央财政资金和其他来源资金分别进行单独核算
4. 科研资金相关支出标准是按国家规定标准执行还是按单位内部制定的标准执行
5. 是否制定了采购规则（采购流程、合同签订、采买入库、出库使用等），是否做到公开、透明、留痕、可追溯
6. 其他相关法人责任是否落实
……
四、审计结论：

（三）了解与科研项目（课题）资金管理相关的业务流程和控制活动

1. 了解科研项目（课题）资金管理相关业务流程的主要环节

科研项目（课题）资金控制属于被审计单位收入管理、费用和成本控制的重要组成部分，通常包括下列主要活动：

（1）立项和预算管理，主要包括项目（课题）的申请和批准、预算的编制和批准、预算的调剂等；

（2）项目（课题）资金管理与核算，主要包括项目（课题）资金拨付、资金结算、资金核算等；

（3）项目（课题）直接费用管理，主要包括直接费用支出、记录，资产（成果）验收和使用等；

（4）项目（课题）间接费用管理，主要包括间接费用支出、记录等；

（5）项目（课题）过程及验收管理，主要包括项目（课题）年度执行情况报告、中期执行情况报告、财务档案的保管以及项目（课题）调整、延期、撤销或终止和验收等。

实务中，注册会计师通常采取的程序包括：检查科研项目（课题）资金投入、使用和管理相关控制手册和文件，询问各部门的相关人员，观察操作流程，执行穿行测试等。例如，注册会计师可以询问科研项目（课题）负责人，了解科研项目（课题）的立项和预算情况；可以询问采购管理人员，了解设备采购程序及被审计单位内部采购管理规定的要求和流程；也可以询问会计人员，了解有关账务处理的流程，考虑流程在各部门之间如何衔接，如单据的流转和核对，以及各部门人员的职责分工等。注册会计师可以通过文字叙述、流程图等方式记录上述业务流程。

2. 根据了解的结果确定违规可能发生的环节

注册会计师可以根据了解的结果，确定被审计单位需要在哪些环节设置控制，以防止或发现并纠正业务流程中的违规事项，即确定违规事项可能发生的环节。如：

（1）预算方面，怎样确保科研项目（课题）预算或调剂得到批复？

（2）项目（课题）资金管理与核算方面，怎样确保项目（课题）资金（中央财政资金和其他来源资金）投入及时、足额、真实到位？资金投入均已入账？资金专款专用、单独核算？资金支付结算方式合规？资金使用与本项目（课题）研究任务的相关性？避免随意调账、随意修改会计凭证等行为？

（3）项目（课题）直接费用管理方面，怎样确保直接费用的开支范围符合相关规定？确保直接费用的支出审批流程完善？确保直接费用的支出证据材料真实、完整？确保直接费用的支出金额在批复或调剂后的预算范围内？

（4）项目（课题）间接费用管理方面，怎样确保间接费用不超过批复的预算额度？

（5）项目（课题）过程和验收管理方面，怎样确保应付未付支出和预计支出适当？确保因故撤销或终止的项目或课题资金得到及时清理？确保科研项目（课题）形成的资产被合理使用？确保项目（课题）管理过程中发现的违规问题及时整改到位？确保项目（课题）财务档案得到适当管理？

3. 了解和识别相关控制

根据被审计单位的实际情况，注册会计师通过询问、观察、检查、穿行测试等审计程序，了解和识别相关控制，并对其结果形成审计工作记录，包括记录控制由谁执行以及如何执行。

在审计实践中，常见的了解与科研项目（课题）资金管理相关的控制活动的底稿编制，详见示例3－5《了解与科研项目（课题）资金管理相关的控制活动表》。

【示例3－5】了解与科研项目（课题）资金管理相关的控制活动表见表3－5。

表3－5　　了解与科研项目（课题）资金管理相关的控制活动表

<table>
<tr><td colspan="2">被审计单位：</td><td rowspan="2">编制人：</td><td rowspan="2">日期：</td><td rowspan="2">索引号：</td></tr>
<tr><td colspan="2">项目（课题）名称：</td></tr>
<tr><td colspan="2">项目（课题）编号：</td><td rowspan="2">复核人：</td><td rowspan="2">日期：</td><td rowspan="2">页次：</td></tr>
<tr><td colspan="2">项目（课题）执行期间：</td></tr>
<tr><td>主要环节</td><td>控制目标</td><td colspan="2">被审计单位的控制活动</td><td>备注</td></tr>
<tr><td>1. 预算</td><td>科研项目（课题）预算或调剂得到批复</td><td colspan="2"></td><td></td></tr>
<tr><td rowspan="6">2. 项目（课题）资金管理与核算</td><td>确保项目（课题）资金投入及时、足额、真实到位</td><td colspan="2"></td><td></td></tr>
<tr><td>项目（课题）资金投入均已入账</td><td colspan="2"></td><td></td></tr>
<tr><td>确保项目（课题）资金专款专用、单独核算</td><td colspan="2"></td><td></td></tr>
<tr><td>确保项目（课题）资金支付结算方式合规</td><td colspan="2"></td><td></td></tr>
<tr><td>确保项目（课题）资金使用与本项目研究任务的相关性</td><td colspan="2"></td><td></td></tr>
<tr><td>避免随意调账、随意修改会计凭证等行为</td><td colspan="2"></td><td></td></tr>
</table>

续表

主要环节	控制目标	被审计单位的控制活动	备注
3. 项目（课题）直接费用管理	直接费用的支出审批流程完善		
	直接费用的开支范围符合相关规定		
	直接费用的支出证据材料真实、完整		
	直接费用的支出金额在批复或调剂后的预算范围内		
4. 项目（课题）间接费用管理	间接费用不超过批复的预算额度		
5. 项目（课题）过程和验收管理	应付未付支出和预计支出是适当的		
	因故撤销或终止的项目（课题）资金应及时清理		
	科研项目形成的资产被恰当管理和使用		
	项目（课题）管理过程中以及以往审计过程中发现的违规问题及时整改到位		
	项目（课题）财务档案得到适当管理		

审计说明：

审计结论：

4. 执行穿行测试

穿行测试不是单独的一种程序，是将多种程序按特定审计需要进行结合运用的方法，它是一个集观察、检查等程序于一体的复合程序。说通俗点，就是针对某笔或某几笔业务看被审计单位是如何做的。穿行测试是通过追踪交易在财务报告信息系统中的处理过程，来证实注册会计师对控制的了解、评价控制设计的有效性以及确定控制是否得到执行。

针对上述不同业务循环中的具体业务流程，注册会计师需要选择一笔或几笔交易进行穿行测试，以追踪交易从发生到最终被反映在项目（课题）财务明细账中的整个处理过程，并考虑之前对相关控制的了解是否正确和完整，确定相关控制是否得到有效执行；可以通过询问执行业务流程和控制的相关人员，并根据需要检查有关单据和文件，询问其对已发现违规的处理等，评价相关控制设计是否合理和是否得到执行，以确定进一步审计程序。

在审计实践中，常见的执行穿行测试活动的底稿编制，详见示例3－6《项目（课题）直接费用管理穿行测试表》。

【示例3－6】项目（课题）直接费用管理穿行测试表见表3－6。

表3－6　　项目（课题）直接费用管理穿行测试表

被审计单位： 项目（课题）名称：					编制人：		编制日期：		索引号：	
项目（课题）编号： 项目（课题）执行期间：					复核人：		复核日期：		页次：	
序号	记账日期	凭证号	摘要	金额	支出审批流程是否完善（课题负责人等是否签字审批）	费用开支范围是否符合经费管理办法规定	资金使用是否与本项课题研究任务相关	经费支出是否经济合理	费用的支出证据材料真实完整	支出金额是否在批复或调剂后的预算范围内
审计说明：										
审计结论：										

值得注意的是，穿行测试与控制测试是有区别的。穿行测试是追踪交易在财务报告信息系统中的处理过程，注册会计师选取一笔或很少几笔交易了解其如何生成、记录、处理和报告，采用询问、观察、检查等方法以确定是否与之前了解的一样，以及是否得到执行，通常是针对交易循环进行穿行测试。如注册会计师选取一笔有代表性的交易，按交易的流程采用询问、观察、检查的方法来追踪这笔交易如何生成、如何记录，在交易流程的相关内部控制中是如何控制这项交易的，从而判断内部控制是否和先前了解的一样。而控制测试是测试控制运行的有效性，控制运行有效性强调的是控制能够在各个不同的时点按照既定设计得以一贯执行。控制测试是为了确定被审计单位控制政策和程序的设计与执行是否完整与有效而实

施的审计程序。注册会计师在了解被审计单位的内部控制之后，只有对那些准备依赖的内部控制执行控制测试，并确信其得到正确的执行时，才能减少实质性测试审计程序，从而减少审计取证工作，提高审计工作的效率。

注册会计师通过上述风险评估程序，了解被审计单位及其环境，识别和评估科研项目（课题）资金投入、使用和管理的重大错报风险。此外，注册会计师还应当按照《中国注册会计师审计准则第 1211 号——通过了解被审计单位及其环境识别和评估重大错报风险》的要求，根据职业判断，确定识别出的风险是否为特别风险。在判断哪些风险是特别风险时，注册会计师应当至少考虑下列方面：（1）风险是否属于舞弊风险；（2）风险是否与近期经济环境、会计处理方法或其他方面的重大变化相关，因而需要特别关注；（3）交易的复杂程度；（4）风险是否涉及重大的关联方交易；（5）财务信息计量的主观程度，特别是计量结果是否具有高度不确定性；（6）风险是否涉及异常或超出正常经营过程的重大交易。如果认为存在特别风险，注册会计师应当了解被审计单位与该风险相关的控制（包括控制活动）。另外，对于某些风险，注册会计师可能认为仅从实质性程序中获取充分、适当的审计证据是不可能或不可行的。这些风险可能与对日常和重大类别的交易或账户余额做出的不准确或不完整的记录相关，对这些交易或账户余额通常可以采用高度自动化处理，不存在或存在很少人工干预。在这种情况下，被审计单位针对这类风险建立的控制与审计相关，注册会计师应当了解这些控制。

二、控制测试程序

控制测试是用于评价内部控制在防止或发现并纠正科研项目（课题）资金投入、使用和管理重大错报方面的运行有效性的审计程序。控制测试程序是针对评估的重大错报风险采取的进一步审计程序的应对措施之一。注册会计师应按照《中国注册会计师审计准则第 1231 号——针对评估的重大错报风险采取的应对措施》的要求，设计和实施进一步审计程序，包括审计程序的性质、时间安排和范围。

如果在评估科研项目（课题）资金投入、使用和管理重大错报风险时预期控制的运行是有效的，注册会计师应当实施控制测试，就控制在相关期间或时点的运行有效性获取充分、适当的审计证据。注册会计师通过实施风险评估程序，可能发现某项控制的设计是存在的，也是合理的，同时得到了执行。在这种情况下，出于成本效益的考虑，注册会计师可能预期如果相关控制在不同时点都得到了一贯执行，与该项控制有关的科研项目（课题）资金投入、使用和管理发生重大错报的可能性就不会很大，也就不需要实施很多的实质性程序。为此，注册会计师可能会认为值得对相关控制在不同时点是否得到一贯执行进行测试，就是实施控制测试。这种测试主要是出于成本效益的考虑，其前提为注册会计师通过了解内部控制以后认为某项控制存在被信赖和利用的可能。因此，只有认为控制设计是合理的、能够防止或者发现和纠正科研项目（课题）资金投入、使用和管理的重大错报，注册会计师才有必要对控制的运行有效性实施测试。

在拟实施控制测试程序前需要考虑两个因素：（1）在评估重大违规风险时，如果预期控制的运行是有效的，或者仅实施实质性程序不能提供充分、适当的审计证据，注册会计师就需要设计和实施控制测试，并针对相关控制运行的有效性获取充分、适当的审计证据；（2）注册会计师只需对那些设计合理，能够防止、发现并纠正科研项目（课题）资金投入、使用和管理重大违规的内部控制进行测试以验证其运行是否有效。

前文讲过，科研项目（课题）资金控制属于被审计单位收入管理、费用和成本控制的重要组成部分，通常包括下列主要活动：项目（课题）预算管理；项目（课题）资金管理与核算；项目（课题）直接费用管理；项目（课题）间接费用管理；项目（课题）过程及验收管理等。下面分别从这几方面介绍控制测试程序的操作方法。

（一）项目（课题）预算管理方面的控制测试程序

在项目（课题）预算管理方面，被审计单位的控制目标应当是：科研项目（课题）预算或调剂得到批复。被审计单位常用的控制活动包括：项目（课题）负责部门跟踪科研项目（课题）预算审批结果，获取经批准的项目（课题）任务书（含预算），建立项目（课题）档案；如需预算调剂，按规定履行有关调剂程序；项目（课题）负责部门及时登记项目（课题）变更信息，更新完善项目（课题）档案等。

注册会计师根据被审计单位的控制活动，可以设计和实施如下的控制测试程序：（1）询问相关负责人或科研财务助理，了解项目（课题）预算管理、审批、变更是否按照规定流程执行；（2）检查是否保留项目（课题）任务书（含预算）及变更调剂相关记录。

在审计实践中，项目（课题）预算管理方面常见的控制测试程序的底稿编制，详见示例3－7《项目（课题）预算管理控制流程及控制测试审计程序表》。

【示例3－7】项目（课题）预算管理控制流程及控制测试审计程序表见表3－7。

表3－7　项目（课题）预算管理控制流程及控制测试审计程序表

被审计单位： 项目（课题）名称：	编制人：	编制日期：	索引号：
项目（课题）编号： 项目（课题）执行期间：	复核人：	复核日期：	页次：
控制目标	被审计单位控制活动	控制测试方法和程序	测试结论
科研项目（课题）预算或调剂得到批复	被审计单位项目（课题）负责部门跟踪科研项目（课题）预算审批结果，获取经批准的项目（课题）任务书（含预算），建立项目（课题）档案。 如需预算调剂，按规定履行有关程序。项目（课题）负责部门及时登记项目（课题）变更信息，更新完善项目（课题）档案	询问相关负责人或科研财务助理，了解项目（课题）预算管理、审批、变更是否按照规定流程执行。检查是否保留项目（课题）任务书（含预算）及变更调剂相关记录	
审计说明：			
审计结论：			

（二）项目（课题）资金管理与核算方面的控制测试程序

在项目（课题）资金管理与核算方面，被审计单位的控制目标通常包括：(1) 确保项目（课题）资金投入及时、足额、真实到位；(2) 项目（课题）资金投入均已入账；(3) 确保项目（课题）资金专款专用、单独核算；(4) 确保项目（课题）资金支付结算方式合规；(5) 确保项目（课题）资金使用与本项目研究任务的相关性；(6) 避免随意调账、随意修改会计凭证等行为。

为了实现上述控制目标，被审计单位通常会采取不同的控制活动，注册会计师可以根据不同的控制活动，设计和实施不同的控制测试程序，如：

针对上述控制目标 (1) “确保项目（课题）资金投入及时、足额、真实到位”。被审计单位常用的控制活动包括：定期核对并调查拨款进度及金额与任务书存在重大差异的原因，提出改进措施等。注册会计师可以设计和实施如下的控制测试程序：查看项目（课题）各项来源资金的拨款单证等资金投入到位的证明材料，对重大差异事项需查明原因及被审计单位是否已有改进措施。

针对上述控制目标 (2) “项目（课题）资金投入均已入账”。被审计单位常用的控制活动包括：项目（课题）负责部门将拨款进度信息及时告知财务部门，财务部门收到拨入款后，记账并告知项目（课题）负责部门已收款信息。期末，项目（课题）负责部门与财务进行对账，核对项目（课题）资金是否均已入账，如存在差异，则查找原因，保证项目（课题）资金纳入单位财务统一管理等。注册会计师可以设计和实施如下控制测试程序：查看被审计单位财务系统，确认项目（课题）资金是否纳入被审计单位财务系统统一核算管理。

针对上述控制目标 (3) “确保项目（课题）资金专款专用、单独核算”。被审计单位常用的控制活动包括：财务部门设置明细科目或项目（课题）辅助明细账，对中央财政资金和其他来源资金分别进行单独核算；

按照项目（课题）支出明细项进行费用归集等。注册会计师可以设计和实施如下的控制测试程序：询问相关负责人或科研财务助理，了解项目（课题）资金财务核算与管理情况，查看是否可以通过财务核算系统查阅相关数据信息。

针对控制目标（4）“确保项目（课题）资金支付结算方式合规”。被审计单位常用的控制活动包括：资金支付除必须使用现金外，应通过银行转账方式支付，并得到授权支出批准；已实行公务卡制度改革的行政事业单位使用公务卡结算，并得到授权支出批准等。注册会计师可以设计和实施如下的控制测试程序：询问相关负责人或科研财务助理，了解项目（课题）资金支付是否按照规定的结算方式执行，抽查支付项目（课题）是否符合规定，审批手续是否完备。

针对控制目标（5）“确保项目（课题）资金使用与本项目研究任务的相关性”。被审计单位常用的控制活动包括：项目（课题）资金需用于与本项目研究任务相关的支出，费用支出报销单证经过项目（课题）负责人或其授权人批准后，方可提交付款支出申请等。注册会计师可以设计和实施如下的控制测试程序：询问相关负责人或科研财务助理，了解项目（课题）资金支出是否按照规定的审核流程执行，抽查支出项目（课题）是否提供相关性证明材料，审批手续是否完备。

针对上述控制目标（6）“避免随意调账、随意修改会计凭证等行为”。被审计单位常用的控制活动包括：项目（课题）资金核算应规范、清晰，调账或更正会计凭证需遵照有关规定进行；更正申请经项目（课题）负责人或其授权人批准，交由财务审核批准后，方可调账或更正会计凭证等。注册会计师可以设计和实施如下的控制测试程序：询问相关负责人或科研财务助理，了解调账和更改凭证是否按照规定流程执行，抽查调账是否按规定程序批准；调账或更正会计凭证的行为是否规范，修改会计凭证是否有不同岗位的相互制约并留痕。

在审计实践中，项目（课题）资金管理与核算方面常见的控制测试程序的底稿编制，详见示例 3－8《项目（课题）资金管理与核算方面控制流程及控制测试审计程序表》。

【示例3-8】项目（课题）资金管理与核算方面控制流程及控制测试审计程序表见表3-8。

表3-8　项目（课题）资金管理与核算方面控制流程及控制测试审计程序表

<table>
<tr><td colspan="2">被审计单位：</td><td rowspan="2">编制人：</td><td rowspan="2">编制日期：</td><td rowspan="2">索引号：</td></tr>
<tr><td colspan="2">项目（课题）名称：</td></tr>
<tr><td colspan="2">项目（课题）编号：</td><td rowspan="2">复核人：</td><td rowspan="2">复核日期：</td><td rowspan="2">页次：</td></tr>
<tr><td colspan="2">项目（课题）执行期间：</td></tr>
<tr><td>控制目标</td><td colspan="2">被审计单位控制活动</td><td>控制测试方法和程序</td><td>测试结论</td></tr>
<tr><td>确保项目（课题）资金投入及时、足额、真实到位</td><td colspan="2">定期核对并调查拨款进度及金额与任务书存在重大差异的原因，提出改进措施</td><td>查看项目（课题）各项来源资金的拨款单证等资金投入到位的证明材料，对重大差异事项需查明原因及被审计单位是否已有改进措施</td><td></td></tr>
<tr><td>项目（课题）资金投入均已入账</td><td colspan="2">项目（课题）负责部门将拨款进度信息及时告知财务部门，财务部门收到拨入款后，记账并告知项目（课题）负责部门已收款信息。期末，项目（课题）负责部门与财务进行对账，核对项目（课题）资金是否均已入账，如存在差异，则查找原因，保证项目（课题）资金纳入单位财务统一管理</td><td>查看被审计单位财务系统，确认项目（课题）资金是否纳入被审计单位财务系统统一核算管理</td><td></td></tr>
<tr><td>确保项目（课题）资金专款专用、单独核算</td><td colspan="2">财务部门设置明细科目或项目（课题）辅助明细账，对中央财政资金和其他来源资金分别进行单独核算。按照项目（课题）支出明细项进行费用归集</td><td>询问相关负责人或科研财务助理，了解项目（课题）资金财务核算与管理情况，查看是否可以通过财务核算系统查阅相关数据信息</td><td></td></tr>
</table>

续表

控制目标	被审计单位控制活动	控制测试方法和程序	测试结论
确保项目（课题）资金支付结算方式合规	资金支付除必须使用现金外，应通过银行转账方式支付，并得到授权支出批准； 已实行公务卡制度改革的行政事业单位，按中央财政科研项目（课题）使用公务卡结算的有关规定执行，并得到授权支出批准	询问相关负责人或科研财务助理，了解项目（课题）资金支付是否按照规定的结算方式执行，抽查支付项目（课题）是否符合规定，审批手续是否完备	
确保项目（课题）资金使用与本项目研究任务的相关性	项目（课题）资金需用于与本项目研究任务相关的支出，费用支出报销单证经过项目（课题）负责人或其授权人批准后，方可提交付款支出申请	询问相关负责人或科研财务助理，了解项目（课题）资金支出是否按照规定的审核流程执行，抽查支出项目（课题）是否提供相关性证明材料，审批手续是否完备	
避免随意调账、随意修改会计凭证等行为	项目（课题）资金核算应规范、清晰，调账或更正会计凭证需遵照有关规定进行。更正申请经项目（课题）负责人或其授权人批准，交由财务审核批准后，方可调账或更正会计凭证	询问相关负责人或科研财务助理，了解调账和更改凭证是否按照规定流程执行，抽查调账是否按规定程序批准；调账或更正会计凭证的行为是否规范，修改会计凭证是否有不同岗位的相互制约并留痕	
审计说明：			
审计结论：			

（三）项目（课题）直接费用管理方面的控制测试程序

在项目（课题）直接费用管理方面，被审计单位的控制目标通常包括：（1）直接费用的支出审批流程完善；（2）直接费用的开支范围符合相关规定；（3）直接费用的支出证据材料真实、完整；（4）直接费用的支出金额在批复或调剂后的预算范围内。

为了实现上述控制目标，被审计单位通常会采取不同的控制活动，注册会计师可以根据不同的控制活动，设计和实施不同的控制测试程序，如：

针对上述控制目标（1）“直接费用的支出审批流程完善”。被审计单位常用的控制活动包括：项目（课题）直接费用支出需建立完善的审批流程并遵照执行；每笔支出均需经过完整的审批流程方可办理等。注册会计师可以设计和实施如下的控制测试程序：询问相关负责人或科研财务助理，了解支出审批是否按照规定流程办理，查看被审计单位支出审批的相关规定，抽查支出凭单是否履行审批手续。

针对上述控制目标（2）“直接费用的开支范围符合相关规定”。被审计单位常用的控制活动包括：财务人员审核项目（课题）直接费用开支范围是否符合相关资金管理办法的规定等。注册会计师可以设计和实施如下的控制测试程序：询问相关负责人或科研财务助理，了解是否按照相关规定审核开支范围，查看项目（课题）支出内容，检查超范围支出申请是否被阻止。

针对上述控制目标（3）“直接费用的支出证据材料真实、完整”。被审计单位常用的控制活动包括：项目（课题）组办理项目（课题）直接费用支出时应提供相应的证据材料，被审计单位相关层级审批人员需按职责权限审核批准等。注册会计师可以设计和实施如下的控制测试程序：抽查直接费用支出凭证后所附单据与相关证据材料是否齐全、真实，是否可以证明业务真实性、经济合理性等。

针对上述控制目标（4）“直接费用的支出金额在批复或调剂后的预算范围内”。被审计单位常用的控制活动包括：被审计单位相关层级审批人员在预算范围内批准支出金额等。注册会计师可以设计和实施如下的控制测试程序：询问相关负责人或科研财务助理，了解是否按照相关规定审核支出金额，检查项目（课题）直接费用支出是否在批准或调剂的预算范围内。

在审计实践中，项目（课题）直接费用管理方面常见的控制测试程序的底稿编制，详见示例 3－9《项目（课题）直接费用管理控制流程及控制测试审计程序表》。

【示例3-9】项目（课题）直接费用管理控制流程及控制测试审计程序表见表3-9。

表3-9　项目（课题）直接费用管理控制流程及控制测试审计程序表

被审计单位： 项目（课题）名称：	编制人：	编制日期：	索引号：
项目（课题）编号： 项目（课题）执行期间：	复核人：	复核日期：	页次：
控制目标	被审计单位控制活动	控制测试方法和程序	测试结论
直接费用的支出审批流程完善	项目（课题）直接费用支出需建立完善的审批流程并遵照执行。每笔支出均需经过完整的审批流程方可办理	询问相关负责人或科研财务助理，了解支出审批是否按照规定流程办理，查看被审计单位支出审批的相关规定，抽查支出凭单是否履行审批手续	
直接费用的开支范围符合相关规定	财务人员审核项目（课题）直接费用开支范围是否符合相关资金管理办法的规定	询问相关负责人或科研财务助理，了解是否按照相关规定审核开支范围，查看项目（课题）支出内容，检查超范围支出申请是否被阻止	
直接费用的支出证据材料真实、完整	项目（课题）组办理项目（课题）直接费用支出时应提供相应的证据材料，被审计单位相关层级审批人员需按职责权限审核批准	抽查直接费用支出凭证后所附单据与相关证据材料是否齐全、真实，是否可以证明业务真实性、经济合理性等	
直接费用的支出金额在批复或调剂后的预算范围内	被审计单位相关层级审批人员在预算范围内批准支出金额	询问相关负责人或科研财务助理，了解是否按照相关规定审核支出金额，检查项目（课题）直接费用支出是否在批准或调剂的预算范围内	
审计说明：			
审计结论：			

（四）项目（课题）间接费用管理方面的控制测试程序

在项目（课题）间接费用管理方面，被审计单位的控制目标是：间接费用不超过批复的预算额度。被审计单位常用的控制活动包括：在核定的总额内列支间接费用，超预算支出不被批准等。

注册会计师可以设计和实施如下的控制测试程序：询问相关负责人或科研财务助理，了解间接费用支出是否按照规定程序执行，检查支出是否在批准的预算范围内。

在审计实践中，项目（课题）间接费用管理方面常见的控制测试程序的底稿编制，详见示例3－10《项目（课题）间接费用管理控制流程及控制测试审计程序表》。

【示例3－10】项目（课题）间接费用管理控制流程及控制测试审计程序表见表3－10。

表3－10 项目（课题）间接费用管理控制流程及控制测试审计程序表

<table>
<tr><td colspan="2">被审计单位：</td><td rowspan="2">编制人：</td><td rowspan="2">编制日期：</td><td rowspan="2">索引号：</td></tr>
<tr><td colspan="2">项目（课题）名称：</td></tr>
<tr><td colspan="2">项目（课题）编号：</td><td rowspan="2">复核人：</td><td rowspan="2">复核日期：</td><td rowspan="2">页次：</td></tr>
<tr><td colspan="2">项目（课题）执行期间：</td></tr>
<tr><td>控制目标</td><td colspan="2">被审计单位控制活动</td><td>控制测试方法和程序</td><td>测试结论</td></tr>
<tr><td>间接费用不超过批复的预算额度</td><td colspan="2">在核定的总额内列支间接费用，超预算支出不被批准</td><td>询问相关负责人或科研财务助理，了解间接费用支出是否按照规定程序执行，检查支出是否在批准的预算范围内</td><td></td></tr>
<tr><td colspan="5">审计说明：

审计结论：</td></tr>
</table>

（五）项目（课题）过程和验收管理方面的控制测试程序

在项目（课题）过程和验收管理方面，被审计单位的控制目标通常包括：（1）应付未付支出和预计支出是适当的；（2）因故撤销或终止的项目（课题）资金应及时清理；（3）科研项目（课题）形成的资产被恰当管理和使用；（4）项目（课题）管理过程中发现的违规问题及时整改到位；（5）项目（课题）财务档案得到适当管理。

为了实现上述控制目标，被审计单位通常会采取不同的控制活动，注册会计师可以根据不同的控制活动，设计和实施不同的控制测试程序，如：

针对上述控制目标（1）“应付未付支出和预计支出是适当的”。被审计单位常用的控制活动包括：项目（课题）组应及时报销费用支出，对于项目（课题）执行周期内发生的与项目（课题）研发活动直接相关的费用尚未支付、需要在基准日后进行支付的款项，项目（课题）组需提供明细表及相关证明材料，经审核批准后确认为应付未付支出；项目（课题）组编制项目（课题）在审计基准日之后发生的或预计发生的与项目（课题）绩效评价、成果管理相关的必需支出清单，经审核批准后确认为预计支出等。注册会计师可以设计和实施如下的控制测试程序：询问相关负责人或科研财务助理，了解应付及预计支出管理是否按照规定流程执行，检查应付及预计支出明细清单审批手续是否完备。

针对上述控制目标（2）“因故撤销或终止的项目（课题）资金应及时清理”。被审计单位常用的控制活动包括：项目（课题）因故撤销或终止，财务部门及时清理账目与资产，编制财务报告及资产清单，报送项目主管单位等。注册会计师可以设计和实施如下的控制测试程序：询问相关负责人或科研财务助理，了解项目（课题）清理是否按照规定流程执行，抽查撤销或终止的项目（课题）是否已及时清理。

针对上述控制目标（3）“科研项目（课题）形成的资产被恰当管理和使用”。被审计单位常用的控制活动包括：行政事业单位使用中央财政资金形成的固定资产属于国有资产，按照国家有关国有资产管理的规定执行；企业使用中央财政资金形成的固定资产，按照《企业财务通则》等相关规章制度执行；使用中央财政资金形成的知识产权等无形资产的管理，按照国家有关规定执行；使用中央财政资金形成的大型科学仪器设备、科学数据、自然科技资源等，按照规定开放共享；期末，资产使用部门对实物资产进行盘点，如有账实差异，经审批后及时进行账务处理等。注册会计师可以设计和实施如下的控制测试程序：询问相关负责人或科研财务助理，了解资产管理和使用是否按照规定流程或程序执行，抽查资产盘点表是否经审批后及时处理，对科研项目（课题）形成的资产进行实地抽盘。

针对上述控制目标（4）"项目（课题）管理过程中发现的违规问题及时整改到位"。被审计单位常用的控制活动包括：被审计单位对接受监督检查和审计过程中发现的问题及时进行整改，确保整改到位等。注册会计师可以设计和实施如下的控制测试程序：询问相关负责人或科研财务助理，了解是否接受过检查，了解是否按规定流程进行整改，检查被审计单位接受监督检查的相关检查结果文件，核对是否对违规问题及时整改到位。

针对上述控制目标（5）"项目（课题）财务档案得到适当管理"。被审计单位常用的控制活动包括：财务档案有专门人员和专门存放地进行保管，不存在毁损、丢失、无法提供等情况。注册会计师可以设计和实施如下的控制测试程序：检查财务核算账套是否完整和唯一，所需最基本财务资料是否齐全、及时提供，必要财务资料是否存在不能提供的情况。

在审计实践中，项目（课题）过程和验收管理方面常见的控制测试程序的底稿编制，详见示例 3－11《项目（课题）过程和验收管理控制流程及控制测试审计程序表》。

【示例 3－11】 项目（课题）过程和验收管理控制流程及控制测试审计程序表见表 3－11。

表 3-11 项目（课题）过程和验收管理控制流程及控制测试审计程序表

被审计单位： 项目（课题）名称：	编制人：	编制日期：	索引号：
项目（课题）编号： 项目（课题）执行期间：	复核人：	复核日期：	页次：

控制目标	被审计单位控制活动	控制测试方法和程序	测试结论
应付未付支出和预计支出是适当的	项目（课题）组应及时报销费用支出，对于项目（课题）执行周期内发生的与项目（课题）研发活动直接相关的费用尚未支付、需要在基准日后进行支付的款项，被审计单位需提供明细表及相关证明材料，经审核批准后确认为应付未付支出； 项目（课题）组编制项目（课题）在审计基准日之后发生的或预计发生的与项目（课题）绩效评价、成果管理相关的必需支出清单，经审核批准后确认为预计支出	询问相关负责人或科研财务助理，了解应付及预计支出管理是否按照规定流程执行，检查应付及预计支出明细清单审批手续是否完备	
因故撤销或终止的项目（课题）资金应及时清理	项目（课题）因故撤销或终止，财务部门应及时清理账目与资产，编制财务报告及资产清单，报送项目主管单位。项目主管单位组织清查处理，确认并回收结余资金（含处理已购物资、材料及仪器设备的变价收入），统筹用于相关专项后续支出	询问相关负责人或科研财务助理，了解项目（课题）清理是否按照规定流程执行，抽查撤销或终止的项目（课题）是否已及时清理	

续表

控制目标	被审计单位控制活动	控制测试方法和程序	测试结论
科研项目（课题）形成的资产被恰当管理和使用	行政事业单位使用中央财政资金形成的固定资产属于国有资产，按照国家有关国有资产管理的规定执行。企业使用中央财政资金形成的固定资产，按照《企业财务通则》等相关规章制度执行； 使用中央财政资金形成的知识产权等无形资产的管理，按照国家有关规定执行，尤其是50万元以上经费支出形成的资产； 使用中央财政资金形成的大型科学仪器设备、科学数据、自然科技资源等，按照规定开放共享； 期末，资产使用部门对实物资产进行盘点，如有账实差异，经审批后及时进行账务处理	询问相关负责人或科研财务助理，了解资产管理和使用是否按照规定流程或程序执行，抽查资产盘点表是否经审批后及时处理，对科研项目（课题）形成的资产进行实地抽盘	
项目（课题）管理过程中以及结题审计过程中发现的违规问题及时整改到位	被审计单位对接受监督检查和结题审计过程中发现的问题应及时进行整改，确保整改到位	询问相关负责人或科研财务助理，了解是否接受过检查，了解是否按规定流程进行整改，检查被审计单位接受监督检查的相关检查结果文件，核对是否对违规问题及时整改到位并在审计报告中披露	
项目（课题）财务档案得到适当管理	财务档案有专门人员和专门存放地进行保管，不存在毁损、丢失、无法提供等情况	检查财务核算账套是否完整和唯一，所需最基本财务资料是否齐全、及时提供，必要财务资料是否存在不能提供的情况	

审计说明：

审计结论：

应特别注意的是，根据《中国注册会计师审计准则第 1231 号——针对评估的重大错报风险采取的应对措施》的要求，注册会计师在设计和实施控制测试时，对控制有效性的信赖程度越高，注册会计师应当获取越有说服力的审计证据。如果确定评估的科研项目（课题）资金投入、使用和管理重大错报风险是特别风险，并拟信赖针对该风险实施的控制，注册会计师应当在本期审计中测试这些控制运行的有效性。在评价相关控制运行的有效性时，注册会计师应当评价通过实施实质性程序发现的错报是否表明控制未得到有效运行，但通过实质性程序未发现错报，并不能证明与所测试认定相关的控制是有效的。如果发现拟信赖的控制出现偏差，注册会计师应当进行专门查询以了解这些偏差及其潜在后果，并确定：（1）已实施的控制测试是否为信赖这些控制提供了适当的基础；（2）是否有必要实施追加的控制测试；（3）是否需要针对潜在的错报风险实施实质性程序。

第四章

实质性程序

实质性程序是审计实施阶段最重要的一项工作，是用于发现认定科研项目（课题）资金投入、使用和管理方面是否存在重大错报的审计程序。实质性程序是在控制测试程序的基础上，为取得直接证据而运用检查、监盘、观察、访谈及函证、计算、分析性复核等方法，对被审计单位科研项目（课题）资金投入、使用和管理方面进行审查，以得出审计结论的过程。实质性测试通常采用抽样方式进行，其抽样的规模需根据内部控制的评价和控制测试程序的结果来确定，实施实质性程序的目的是为取得审计人员赖以做出审计结论足够的审计证据。

《中国注册会计师审计准则第 1231 号——针对评估的重大错报风险采取的应对措施》明确规定，实质性程序包括下列两类程序：（1）对各类交易、账户余额和披露的细节测试；（2）实质性分析程序。对于科研经费结题审计而言，针对评估的科研项目（课题）资金投入、使用和管理方面存在的重大违规风险，注册会计师应当在确定是否实施控制测试以及拟对控制的依赖程度的基础上，计划拟实施实质性程序的性质、时间安排和范围；如果发现拟信赖的控制出现偏差，注册会计师应当考虑是否需要针对潜在的违规风险修改计划的实质性程序；无论对重大违规风险的评估结果如何，注册会计师都应当针对所有重大类别的资金投入和使用，设计和实施实质性程序；如果认为评估的重大违规风险是特别风险，注册会计师应当专门针对该风险实施实质性程序；如果针对特别风险实施的程序仅为实质性程序，这些程序应当包括细节测试。

众所周知，科研项目（课题）资金是专项资金，是公共财富。发挥资金使用效益，不仅是科技管理部门的职责所在，也是每个科研单位、每位科技工作者的责任和义务。对资金流向的关注是财政专项资金审计的重要内容，审计应重点从资金投入、拨付和使用管理等方面入手。在资金投入中，重点关注项目（课题）承担单位是否按照批复的专项资金计划筹集项目资金，各方配套资金是否到位，是否存在配套不足和虚假配套的问题；在资金拨付中，重点关注是否及时、足额拨付资金，有无转移、滞留和挪用的情况；在资金使用管理中，结合项目实施情况，查看资金使用是否合规，是否严格按照项目（课题）任务书和相关规定使用财政资金，有无挤占挪用和超范围、超标准使用财政资金的情况。

一、资金到位情况的实质性程序

（一）资金到位情况的审计目标

《国家重点研发计划资金管理办法》（财教〔2021〕178 号）第三条规定："重点研发计划资金实行多元化投入，资金来源分为中央财政资金和其他来源资金，其他来源资金包括地方财政资金、单位自筹资金以及从其他渠道获得的资金。"第二十九条规定："重点研发计划资金实行财政授权支付。专业机构应当按照国库集中支付制度规定，根据不同类型科研项目特点、研究进度、资金需求等，合理制订经费拨付计划，在项目任务书签订后 30 日内，向项目牵头单位拨付首笔项目资金。首笔资金拨付比例充分尊重项目负责人意见，结合重点专项年度预算情况确定。"

根据《国家重点研发计划项目综合绩效评价工作规范（试行）》（国科办资〔2018〕107 号）及《科技部办公厅关于进一步完善国家重点研发计划项目综合绩效评价财务管理的通知》（国科办资〔2021〕137 号）规

定，在国家重点研发计划项目综合绩效评价资金评议环节，关于“资金到位和拨付情况”这项指标占30分，需要对以下方面进行评价：①中央财政专项资金和其他来源资金到位情况；②项目/课题承担单位是否按照任务进展对课题承担/参与单位及时足额拨付资金。同时明确规定：“如出现无故不拨专项经费影响课题任务执行；其他来源资金不到位影响任务执行等情况，该指标得0分。”

根据上述规定，注册会计师可以按照资金来源不同设定资金到位情况的审计目标：（1）中央财政资金是否足额到位，是否纳入被审计单位会计核算系统并单独核算，是否与批复的预算或调剂后的预算相符等；（2）其他来源资金（包括地方财政资金、单位自筹资金以及从其他渠道获得的资金）是否配套到位，是否存在配套不足和虚假配套的问题等。

（二）资金到位情况的实质性程序

针对资金到位情况的上述审计目标，注册会计师可以设计和实施以下实质性程序：

1. 分别获取中央财政资金和其他来源资金到位的凭证或其他证据（包括但不限于银行进账单等），进行分析，将收入明细加计汇总，与总账和明细账核对。

注册会计师只有获取上述资料才能为执行后续审计程序提供基础。在实务中，对于中央财政资金和地方财政资金，被审计单位通常是以财政拨款单或银行进账单等凭证作为资金到位的凭据；对于单位自筹资金以及从其他渠道获得的资金通常以单位实际支出作为资金到位的依据，因此对于单位自筹资金以及从其他渠道获得的资金，注册会计师通常需结合资金支出情况一起设计和实施实质性审计程序。

2. 检查中央财政资金和其他来源资金是否纳入单位会计核算系统并按规定设置明细科目进行核算。

“单独核算”是对科研项目（课题）资金管理的基本要求。《国家重点研发计划资金管理办法》（财教〔2021〕178号）第三十三条规定：“承担单位应当将重点研发计划项目资金纳入单位财务统一管理，对中央财政资金和其他来源资金分别单独核算，确保专款专用。”因此，注册会计师需要现场审核被审计单位的财务核算系统，检查核实中央财政资金和其他来源资金是否纳入单位会计核算系统，是否单独核算并按规定设置明细科目进行核算。“单独核算”不是单独开立银行存款账户。实务中，单独核算的实现方式通常为：在单位统一的会计核算系统中设立课题辅助明细账或单独设置明细会计科目，并能从单位电子账套中自动生成课题经费明细账，不需要人为统计整理。其他采用台账登记、电子表格登记等在单位会计账簿之外备查登记的方法均不是单独核算。

3. 核对中央财政资金和其他来源资金的资金来源、拨款单位是否与任务书一致；如有调剂，是否取得相关的批复文件。

《国家重点研发计划资金管理办法》（财教〔2021〕178 号）第三十八条规定：“项目预算总额调剂，项目预算总额不变、课题间预算调剂，变更课题承担单位、课题参与单位，由项目牵头单位或课题承担单位逐级向专业机构提出申请，专业机构审核评估后，按有关规定批准。”注册会计师在审计过程中，如发现有上述预算调剂情况，应重点关注是否符合上述规定。

4. 核对中央财政资金和其他来源资金到位总额是否与任务书一致。

项目（课题）任务书是科研项目（课题）审计的重要依据。项目任务书由专业机构与项目主持单位签订，课题任务书由项目主持单位与课题主持单位签订，项目（课题）任务书是阐述项目（课题）基本信息，目标及考核指标，研究内容、研究方法及技术路线，参加人员，经费预算的重要文件。因此注册会计师需要获取项目（课题）任务书，对于经费的投入、拨付和使用管理等方面，在实施审计过程中需要与其进行核对。

在审计实践中，资金到位情况实质性程序的底稿编制主要包括：

（1）资金到位情况审计导引表，详见示例 4 – 1《资金到位情况审计导引表》。

【示例 4 – 1】 资金到位情况审计导引表见表 4 – 1。

表4－1　　　　资金到位情况审计导引表

被审计单位名称				签字	时间	索引号
项目（课题）名称			执行人			
项目（课题）执行期间			复核人			
序号	项目（明细）	预算批复数	调剂后预算数	账面数	审计调整数	审计认定数
1	中央财政资金					
2	其他来源资金					
合　计						
审计说明：						
审计结论：						

（2）资金到位情况审计程序表，详见示例4－2《资金到位情况审计程序表》。

【示例4－2】资金到位情况审计程序表见表4－2。

表4－2　　　　资金到位情况审计程序表

被审计单位名称		签字	时间	索引号
项目（课题）名称	执行人			
项目（课题）执行期间	复核人			
审计程序		执行情况说明（是/否/不适用）		底稿索引号
1. 分别获取中央财政资金和其他来源资金到位的凭证或其他证据（包括但不限于银行进账单等），进行分析，将收入明细加计汇总，与总账和明细账核对。				
2. 检查中央财政资金和其他来源资金是否纳入单位会计核算系统并按规定设置明细科目进行核算。				
3. 核对中央财政资金和其他来源资金的资金来源、拨款单位是否与任务书一致；如有调剂，是否取得相关的批复文件。				
4. 核对中央财政资金和其他来源资金到位总额是否与任务书一致。				
……				

（3）资金到位情况检查表，详见示例4－3《资金到位情况检查表》。

【示例4－3】 资金到位情况检查表见表4－3。

表4－3　　　　　　　　　资金到位情况检查表

被审计单位名称		签字	时间	索引号
项目（课题）名称		执行人		
项目（课题）执行期间		复核人		

凭证日期	凭证号	摘要	收款日期	拨款单位	收款金额	附件

审计说明：

审计结论：

二、资金拨付情况的实质性程序

（一）资金拨付情况的审计目标

《国家重点研发计划资金管理办法》（财教〔2021〕178号）第三十条规定："项目牵头单位应当根据项目负责人意见，及时向课题承担单位拨付资金。课题承担单位应当按照研究进度，及时向课题参与单位拨付资金。课题参与单位不得再向外转拨资金。逐级拨付资金时，项目牵头单位或课题承担单位不得无故拖延资金拨付，对于出现上述情况的单位，专业机构可采取约谈、暂停项目后续拨款等措施。"

根据上述规定，注册会计师可以设定资金拨付情况的审计目标：被审计项目（课题）承担单位是否及时、足额拨付资金；是否向参与单位以外转拨资金，有无转移、滞留、挤占和挪用的情况等。

（二）资金拨付情况的实质性程序

针对资金拨付情况的上述审计目标，注册会计师可以设计和实施以下实质性程序：

1. 获取项目（课题）资金拨付情况的凭证或其他证据（包括但不限于银行转账汇款单等）并进行分析，将拨款明细逐一加计汇总，与总账和明细账核对。

2. 检查项目（课题）拨付资金是否纳入单位会计核算系统并按规定设置明细科目进行核算。

3. 核对项目（课题）资金拨付单位及拨付金额是否与任务书中批复的任务单位和预算金额一致，如有差异，查明原因；重点关注预算外拨款情况，如有，查明是否获得相关批复。

根据《〈国家重点研发计划资金管理办法〉配套实施细则》（国科发资〔2017〕261 号）规定，承担单位对项目（课题）资金管理使用负有法人责任，按照“谁申报项目（课题）、谁承担研究任务、谁管理使用资金”的要求，如法人单位实际承担研究任务且管理使用资金，不应以上级单位的名义申报；如以法人单位名义申报的，应由本单位组织任务实施并管理使用资金，不得将资金转拨给其下级法人单位，如大学的附属医院、集团公司或母公司的全资或控制子公司、科研院及下属的研究所等。

《国家重点研发计划资金管理办法》（财教〔2021〕178 号）第三十八条规定：“课题预算总额不变、课题参与单位之间预算调剂的，由项目牵头单位审批，报专业机构备案。”因此注册会计师在审计过程中，对于课题参与单位之间预算调剂以及转拨经费等情况，应重点关注是否符合上述规定。

4. 获取项目（课题）专项资金拨付的记账凭证及银行汇款单，检查是否存在未及时全额拨付资金的情形；如有，应查明原因；重点关注款项是否在研究期间拨付，拨付是否及时。

在审计实践中，资金拨付情况实质性程序的底稿编制主要包括：

（1）资金拨付情况审计导引表，详见示例4－4《资金拨付情况审计导引表》。

【示例4－4】资金拨付情况审计导引表见表4－4。

表4－4　　资金拨付情况审计导引表

被审计单位名称		签字	时间	索引号
项目（课题）名称		执行人		
项目（课题）执行期间		复核人		

序号	项目（课题）参与单位	预算批复数	调剂后预算数	账面数	审计调整数	审计认定数
合　计						

审计说明：

审计结论：

（2）资金拨付情况审计程序表，详见示例4－5《资金拨付情况审计程序表》。

【示例4－5】资金拨付情况审计程序表见表4－5。

表4－5　　资金拨付情况审计程序表

被审计单位名称		签字	时间	索引号
项目（课题）名称		执行人		
项目（课题）执行期间		复核人		

审计程序	执行情况说明（是/否/不适用）	执行人
1. 获取项目（课题）资金拨付情况的凭证或其他证据（包括但不限于银行转账汇款单等）并进行分析，将拨款明细逐一加计汇总，与总账和明细账核对。		
2. 检查项目（课题）拨付资金是否纳入单位会计核算系统并按规定设置明细科目进行核算。		

续表

审计程序	执行情况说明（是/否/不适用）	执行人
3. 核对项目（课题）资金拨付单位及拨付金额是否与任务书中批复的任务单位和预算金额一致，如有差异，查明原因；重点关注预算外拨款情况，如是否获得相关批复。		
4. 获取项目（课题）专项资金拨付的记账凭证及银行汇款单，检查是否存在未及时全额拨付资金的情形，如有，需查明原因；重点关注款项是否在研究期间拨付，拨付是否及时。		
……		

（3）资金拨付情况检查表，详见示例 4－6《资金拨付情况检查表》。

【示例 4－6】 资金拨付情况检查表见表 4－6。

表 4－6　　资金拨付情况检查表

<table>
<tr><td colspan="2">被审计单位名称</td><td colspan="3"></td><td>签字</td><td>时间</td><td>索引号</td></tr>
<tr><td colspan="2">项目（课题）名称</td><td colspan="2"></td><td>执行人</td><td></td><td></td><td rowspan="2"></td></tr>
<tr><td colspan="2">项目（课题）执行期间</td><td colspan="2"></td><td>复核人</td><td></td><td></td></tr>
<tr><td>凭证日期</td><td>凭证号</td><td>摘要</td><td>拨付日期</td><td>拨付单位</td><td>是否预算内单位</td><td>拨付金额</td><td>附件</td></tr>
<tr><td></td><td></td><td></td><td></td><td></td><td></td><td></td><td></td></tr>
<tr><td></td><td></td><td></td><td></td><td></td><td></td><td></td><td></td></tr>
<tr><td></td><td></td><td></td><td></td><td></td><td></td><td></td><td></td></tr>
<tr><td colspan="8">审计说明：</td></tr>
<tr><td colspan="8">审计结论：</td></tr>
</table>

三、资金支出情况的实质性程序

（一）资金支出情况的审计目标

根据《国家重点研发计划资金管理办法》（财教〔2021〕178 号）规

定，重点专项项目资金由直接费用和间接费用组成。直接费用是指在项目实施过程中发生的与其直接相关的费用；间接费用是指承担单位在组织实施项目过程中发生的无法在直接费用中列支的相关费用。各项支出应符合政策相符性、目标相关性和经济合理性原则。

《国家重点研发计划项目综合绩效评价工作规范（试行）》（国科办资〔2018〕107 号）及《科技部办公厅关于进一步完善国家重点研发计划项目综合绩效评价财务管理的通知》（国科办资〔2021〕137 号）规定，在国家重点研发计划项目综合绩效评价资金评议环节，关于“会计核算和资金使用情况”这项指标占 40 分，需要对以下方面进行评价：①课题承担/参与单位的会计核算是否规范；②支出与课题任务是否相关、经济合理，开支范围和标准是否符合规定；③相关资产管理情况；④财务档案保存情况。同时明确规定：“如出现挤占、挪用、套取、转移专项资金，提供虚假会计资料，拒不提供会计资料，存在问题拒不整改以及其他违反国家财经纪律行为的任意一种，该指标得 0 分。”

根据上述规定，注册会计师可以设定资金支出情况的审计目标：专项资金使用是否合规，是否符合政策相符性、目标相关性和经济合理性原则，是否严格按照项目（课题）任务书和相关规定使用财政资金，有无挤占挪用和超范围、超标准使用财政资金的情况，相关资产管理和财务档案保管情况是否规范。

注册会计师需要在充分了解直接费用和间接费用特点的基础上，设计和实施适当的实质性程序。

（二）设备费支出情况的实质性程序

按照《国家重点研发计划资金管理办法》（财教〔2021〕178 号）规定，设备费是指在项目实施过程中购置或试制专用仪器设备，对现有仪器设备进行升级改造，以及租赁外单位仪器设备而发生的费用。计算类仪器设备和软件工具可在设备费科目列支。应当严格控制设备购置，鼓励开放共享、自主研制、租赁专用仪器设备以及对现有仪器设备进行升级改造，避免重复购置。

根据上述规定，注册会计师需要获取设备支出明细账和购置设备台账，进行分类分析，与被审计单位的总账系统核对相符后设计和实施如下审计程序：

1. 将购置设备支出与项目（课题）任务书核对，检查是否与项目（课题）任务书中的预算或调剂后的预算相符。

2. 检查设备费支出时间、签订合同时间、付款时间、发票时间及到货时间是否均在项目执行期内（合同尾款可在执行期后），仪器设备（购置、试制）使用及管理是否与预算或调剂批复一致，如存在差异，查明原因，并披露差异情况。

3. 检查列支的设备费原始凭证（如审批单、银行单据、发票、合同、验收单等）是否齐全并相互勾稽。

4. 检查设备租赁费①是否为租赁被审计单位以外其他单位的设备而发生的费用，租赁设备的交付使用手续是否完备。

5. 检查设备费的支付是否存在非银行转账方式结算的情况，关注资金实际流向是否与开具发票单位一致。

《国家重点研发计划资金管理办法》（财教〔2021〕178 号）第三十五条规定："承担单位应当严格执行国家有关支出管理制度。对应当实行'公务卡'结算的支出，按照中央财政科研项目使用公务卡结算的有关规定执行。对于设备、大宗材料、测试化验加工、劳务、专家咨询等费用，原则上应当通过银行转账方式结算。"因此，注册会计师在审计过程中，对设备以及大宗材料、测试化验加工、劳务、专家咨询等费用支出，需要重点关注结算方式是否符合上述规定。

6. 检查被审计单位符合固定资产确认条件的资产是否准确计量和记

① 设备租赁费是指项目（课题）研究过程中需要租用承担单位以外其他单位的设备而发生的费用，租赁费主要包括设备的租金、安装调试费、维修保养费及其他相关费用等。实务中需要注意的是，与项目（课题）研究任务相关的科学考察、野外实验勘探等车、船、航空器等交通工具的租赁费可在设备租赁费中列支，但不得列支承担单位自有仪器设备的租赁费用。

录，是否存在账外资产，是否按单位资产管理办法对购入设备及符合使用条件的试制设备办理验收和交付使用手续；评估试制设备费及改造费成本归集的合理性、相关性。

根据《〈国家重点研发计划资金管理办法〉配套实施细则》（国科发资〔2017〕261号）规定，试制设备费是指现有仪器设备无法满足项目（课题）检测、实验、验证或示范等研究任务需要而试制专用仪器设备发生的费用，一般由零部件、材料等成本，以及零部件加工、设备安装调试、燃料动力等费用构成；设备改造费是指因项目（课题）任务目标需要，对现有设备进行局部改造以改善提升性能而发生的费用，及项目（课题）实施过程中相关设备发生损坏需维修而发生的费用，一般由零部件、材料等成本和安装调试等费用构成。因安装使用新增设备而对实验室进行小规模维修改造的费用，可在设备改造费中列支。注册会计师在审计过程中，对于试制设备费和设备改造费支出情况要重点关注是否符合上述规定。

7. 实地查看、盘点设备，检查是否账实相符，关注设备的使用情况，检查是否存在未使用固定资产。固定资产异地存放的，需要评估其合理性，并视情况实施必要的审计程序。

《国家重点研发计划资金管理办法》（财教〔2021〕178号）第四十一条规定："项目实施过程中，行政事业单位使用中央财政资金形成的固定资产属于国有资产，应当按照国家有关国有资产管理的规定执行。企业使用中央财政资金形成的固定资产，按照《企业财务通则》等相关规章制度执行。""使用中央财政资金形成的大型科学仪器设备、科学数据、自然科技资源等，按照规定开放共享。"因此，注册会计师在审计过程中，需要重点关注中央财政资金形成的固定资产管理和使用情况。

8. 关注设备费支出与项目（课题）任务是否相关、经济合理，开支范围和标准是否符合规定；关注支出对象是否为关联方，判断是否需要采取进一步的审计程序。

《〈国家重点研发计划资金管理办法〉配套实施细则》（国科发资

〔2017〕261 号）规定："中央财政资金中不应列支生产性设备的购置费、基建设施的建造费、实验室的常规维修改造费以及属于承担单位支撑条件的专用仪器设备购置费，并严格控制常规或通用仪器设备的购置。"因此，注册会计师在审计过程中，对于设备费支出要重点关注是否符合上述规定。

关于关联方交易情况，《〈国家重点研发计划资金管理办法〉配套实施细则》（国科发资〔2017〕261 号）规定："若项目牵头单位、课题承担单位、课题参与单位之间存在关联关系，或项目负责人、课题负责人与课题参与单位之间存在关联关系的，应予以披露。项目牵头单位在预算编报、资金过程管理以及财务验收等工作中应重点予以审核、把关。"《中央财政科技计划项目（课题）结题审计指引》中要求注册会计师关注支出关联方交易，如：关注设备费支出对象是否为关联方，关注是否存在向关联方单位采购材料的情况、支付测试化验加工支出的情况、支付出版/文献/信息传播/知识产权事务支出的情况，应付未付支出是否存在关联方交易情况等。无论是我们常见的企业之间的交易，还是科研资金的使用过程中，关联方关系及其交易的性质可能导致关联方交易比非关联方交易具有更高的风险，因此需要特别关注。

《中国注册会计师审计准则问题解答第 6 号——关联方》中列举了一些被审计单位通过关联方实施舞弊的例子，如：利用第三方隐瞒关联方交易或将关联方交易非关联化；以显失公允的交易条款与关联方进行交易；与关联方或特定第三方串通舞弊进行虚假交易；与关联方串通舞弊侵占被审计单位资产；实际控制人或控股股东通过凌驾于被审计单位内部控制之上侵占被审计单位资产等。实务中，关于关联方交易，注册会计师要多问自己，这个关联方交易对被审计单位是必要的吗？这个交易价格是公允的吗？如果这个问题过不了注册会计师的常识判断这一关，就有可能存在舞弊和造假的风险。如果判断关联方交易存在较高的风险，注册会计师则可以参考《中国注册会计师审计准则第 1323 号——关联方》及其应用指南，以及《中国注册会计师审计准则问题解答第 6 号——关联方》实施进一步的审计程序。如：向关联方函证交易目的、具体条款或金额（如果注册会计师认为被审计单位有可能对关联方的回函施加影响，则可能会降低这一审计程序的效果）；如果适用并且可行，查阅关联方的财务报表或其他相关财务信息，以获取关联方对关联方交易进行会计处理的证据；检查与关联方之间的重要合同；通过互联网或某些外部商业信息数据库，进行适当的背景调查；如果被审计单位保留了员工的举报报告，查阅该报告等。

在审计实践中，设备费支出情况实质性程序的底稿编制主要包括：

（1）设备费支出审计导引表，详见示例4－7《设备费支出审计导引表》。

【示例4－7】设备费支出审计导引表见表4－7。

表4－7　设备费支出审计导引表

被审计单位名称					签字	时间	索引号
项目（课题）名称				执行人			
项目（课题）执行期间				复核人			
序号	项目（明细）	预算批复数	调剂后预算数	账面支出数	审计调整数	审计认定数	结余审定数
一	中央财政资金						
1	购置设备费						
2	试制设备费						
3	设备改造费						
4	设备租赁费						
	小计						
二	其他来源资金						
1	购置设备费						
2	试制设备费						
3	设备改造费						
4	设备租赁费						
	小计						
	合计						

审计说明：

审计结论：

（2）设备费支出审计程序表，详见示例 4 - 8《设备费支出审计程序表》。

【示例 4 - 8】 设备费支出审计程序表见表 4 - 8。

表 4 - 8　　设备费支出审计程序表

<table>
<tr><td>被审计单位名称</td><td colspan="2"></td><td>签字</td><td>时间</td><td>索引号</td></tr>
<tr><td>项目（课题）名称</td><td></td><td>执行人</td><td></td><td></td><td rowspan="2"></td></tr>
<tr><td>项目（课题）执行期间</td><td></td><td>复核人</td><td></td><td></td></tr>
<tr><td colspan="3">审计程序</td><td colspan="2">执行情况说明
（是/否/不适用）</td><td>执行人</td></tr>
<tr><td colspan="3">获取设备支出明细账和购置设备台账，与单位的总账系统核对是否相符，并实施如下审计程序：</td><td colspan="2"></td><td></td></tr>
<tr><td colspan="3">1. 与项目（课题）任务书核对，检查是否与该任务书中的预算或调剂后的预算相符。</td><td colspan="2"></td><td></td></tr>
<tr><td colspan="3">2. 检查设备费支出时间与签订合同时间、付款时间、发票时间及到货时间是否均在项目执行期内（合同尾款可在执行期后），仪器设备（购置、试制）使用及管理是否与预算或调剂批复一致，如存在差异，查明原因，并披露差异情况。</td><td colspan="2"></td><td></td></tr>
<tr><td colspan="3">3. 检查列支的设备费原始凭证（如审批单、银行单据、发票、合同、验收单等）是否齐全并相互勾稽。</td><td colspan="2"></td><td></td></tr>
<tr><td colspan="3">4. 检查设备租赁费是否为租赁被审计单位以外其他单位的设备而发生的费用，租赁设备的交付使用手续是否完备。</td><td colspan="2"></td><td></td></tr>
<tr><td colspan="3">5. 检查设备费的支付是否存在非银行转账方式结算的情况，关注资金实际流向是否与开具发票单位一致。</td><td colspan="2"></td><td></td></tr>
<tr><td colspan="3">6. 检查被审计单位符合固定资产确认条件的资产是否准确计量和记录，是否存在账外资产，是否按被审计单位资产管理办法对购入设备及符合使用条件的试制设备办理验收和交付使用手续；评估试制设备费及改造费成本归集的合理性、相关性。</td><td colspan="2"></td><td></td></tr>
<tr><td colspan="3">7. 实地查看、盘点设备，检查是否账实相符，关注设备的使用情况，检查是否存在未使用固定资产。固定资产异地存放的，需要评估其合理性，并视情况实施必要的审计程序。</td><td colspan="2"></td><td></td></tr>
</table>

续表

审计程序	执行情况说明（是/否/不适用）	执行人
8. 关注设备费支出与项目（课题）任务是否相关、经济合理，开支范围和标准是否符合规定；关注支出对象是否为关联方，判断是否需要采取进一步的审计程序。		
……		

（3）设备费支出检查表，详见示例4－9《设备费支出检查表》。

【示例4－9】设备费支出检查表见表4－9。

表4－9　　设备费支出检查表

被审计单位名称			签字	时间	索引号
项目（课题）名称		执行人			
项目（课题）执行期间		复核人			

记账日期	凭证号	业务内容（摘要）	会计科目	支出金额	核对内容					附件
					1	2	3	4	5	
合计										

核对内容说明：

1. 原始凭证（如审批单、银行单据、发票、合同、验收单等）是否齐全并相互勾稽；2. 记账凭证与原始凭证是否相符；3. 财务处理是否正确；4. 项目（课题）经费支出是否与项目（课题）研究任务相关；5. 项目（课题）经费支出是否符合资金管理办法规定。

检查结论：

（4）设备抽查盘点表，详见示例4－10《设备抽查盘点表》。

【示例4-10】 设备抽查盘点表见表4-10。

表4-10　设备抽查盘点表

序号	设备分类		设备名称	型号	数量	单价	金额	购入日期	存放地点	使用单位	使用状态	备注
	购置	试制										
合计												

盘点人：　　　　　　　　　　　　　　　　监盘人：

盘点日期：

盘点说明：

盘点结论：

（三）劳务费支出情况的实质性程序

根据《国家重点研发计划资金管理办法》（财教〔2021〕178号）规定，劳务费是指在项目实施过程中支付给参与项目的研究生、博士后、访问学者和项目聘用的研究人员、科研辅助人员等的劳务性费用，以及支付给临时聘请的咨询专家的费用等。项目聘用人员劳务费开支标准，参照当地科学研究和技术服务业从业人员平均工资水平，根据其在项目研究中承担的工作任务确定，其由单位缴纳的社会保险补助、住房公积金等纳入劳务费科目开支。支付给临时聘请的咨询专家的费用，不得支付给参与本项目及所属课题研究和管理的相关人员，其管理按照国家有关规定执行。

根据上述规定，注册会计师需要获取劳务费支出明细账，进行分类分析，与被审计单位的总账系统核对是否相符，分别针对劳务性支出和咨询专家支出设计和实施审计程序。

1. 劳务性支出

（1）抽查劳务性支出发放清单，检查是否列支项目（课题）执行期外发生的支出，检查是否存在超范围列支的情况，如事业单位的在编人员工资、企业在职人员工资等。

《〈国家重点研发计划资金管理办法〉配套实施细则》（国科发资〔2017〕261号）规定："承担单位为事业单位的，在编人员不得编列劳务费；承担单位为企业的，除为项目（课题）实施专门聘用的人员外，其他人员不得编列劳务费。上述人员可在项目（课题）间接费用的绩效支出中列支。"因此，注册会计师在对劳务性支出审计过程中，要重点关注是否符合上述规定。

值得注意的是，《国家重点研发计划资金管理办法》（财教〔2021〕178号）第三十二条规定："承担单位应当全面落实科研财务助理制度。每个课题应当配有相对固定的科研财务助理。科研财务助理所需人力成本费用（含社会保险补助、住房公积金），可由承担单位根据情况通过科研项目经费等渠道统筹解决。"因此，科研财务助理的相关劳务性支出可以在专项资金中列支。

（2）获取劳务聘用合同、劳务派遣及聘用协议等支持性证据，检查提供劳务内容是否与项目（课题）研究任务直接相关。

（3）检查开支标准是否符合相关规定。根据《国家重点研发计划资金管理办法》（财教〔2021〕178号）规定，项目聘用人员劳务费开支标准，参照当地科学研究和技术服务业从业人员平均工资水平，根据其在项目研究中承担的工作任务确定，其由单位缴纳的社会保险补助、住房公积金等纳入劳务费科目开支。

（4）关注大额劳务性支出的转账凭证及发放签收单相关信息，检查发放手续是否齐全；检查劳务性支出发放方式是否符合相关要求，原则上应通过银行转账方式，重点关注大额现金发放劳务性支出情况。

（5）关注劳务性支出发放给劳务派遣公司等非个人的情况，注册会计师应采取进一步的审计程序以核实劳务性支出发放的真实性。如对支付劳务费的人员参与相关工作的必要性、投入的工作时间、工作量等进行审核分析。

2. 咨询专家支出

（1）检查开支标准、内容、范围等是否符合相关规定，是否列支发放对象或提供咨询服务内容与项目无关的支出，是否列支项目（课题）执行期外发生的支出，是否向项目（课题）组成员以及参与项目（课题）管理的相关工作人员发放专家咨询支出。

（2）重点关注大额专家咨询支出的记账凭证及发放签收单相关信息，检查发放签收单内容是否齐全。

（3）检查专家咨询支出发放方式是否符合相关要求，原则上应通过银行转账方式，重点关注现金方式支出。

按照中共中央办公厅、国务院办公厅《关于深化项目评审、人才评价、机构评估改革的意见》规定，评审专家应当从专家库中选择，选取活跃在科研一线、真懂此行此项的专家参与评审。《中央财政科研项目专家咨询费管理办法》（财科教〔2017〕128号）规定，专家咨询活动的组织形式主要有会议、现场访谈或者勘察、通讯三种形式。①以会议形式组织的咨询，是指通过召开专家参加的会议，征询专家的意见和建议；②以现场访谈或者勘察形式组织的咨询，是指通过组织现场谈话，或者查看实地、实物、原始业务资料等方式征询专家的意见和建议；③以通讯形式组织的咨询，是指通过信函、邮件等方式征询专家的意见和建议。对于专家咨询费的开支标准，上述①②两种形式2天（含）内按照高级专业技术职称人员1500—2400元/人·天（税后）；其他专业人员900—1500元/人·天（税后）执行，超过2天的减半执行。通讯形式按次计算，每次按上述标准的20%－50%执行。院士、全国知名专家，可按照高级专业技术职称人员的专家咨询费标准上浮50%执行。该文件还规定："不同领域、相同专业技术职称的专家咨询费标准应当保持一致""专家咨询费不得支付给参与项目（课题）研究及其管理的相关人员"。注册会计师在对咨询专家支出审计过程中，要重点关注是否符合上述规定。

2022年8月，"清风北京"公众号发布了《党员干部违规领取劳务费违纪行为的四种主要表现情形》，一是未实际从事劳务，以"劳务费"名义滥发津补贴；二是在本单位实际从事劳务并违规领取劳务费；三是未经批准在其他单位从事劳务并领取劳务费；四是在未提供劳务的情况下向他人收取“劳务费”。注册会计师在对劳务性支出审计过程中，要重点关注是否存在上述情形。

在审计实践中，劳务费支出情况实质性程序的底稿编制主要包括：

（1）劳务费支出审计导引表，详见示例4-11《劳务费支出审计导引表》。

【示例4-11】 劳务费支出审计导引表见表4-11。

表4-11　　劳务费支出审计导引表

<table>
<tr><td colspan="3">被审计单位：</td><td colspan="2">编制人：</td><td colspan="2">编制日期：</td><td rowspan="2">索引号：</td></tr>
<tr><td colspan="3">项目（课题）执行期间：</td><td colspan="2">复核人：</td><td colspan="2">复核日期：</td></tr>
<tr><td colspan="2">项目（明细）</td><td>预算批复数</td><td>调剂后预算数</td><td>账面支出数</td><td>审计调整数</td><td>审计认定数</td><td>结余审定数</td></tr>
<tr><td>一、</td><td>中央财政资金</td><td></td><td></td><td></td><td></td><td></td><td></td></tr>
<tr><td>二、</td><td>其他来源资金</td><td></td><td></td><td></td><td></td><td></td><td></td></tr>
<tr><td colspan="2">合　计</td><td></td><td></td><td></td><td></td><td></td><td></td></tr>
<tr><td colspan="8">审计说明：</td></tr>
<tr><td colspan="8">审计结论：</td></tr>
</table>

（2）劳务费支出分类审定表，详见示例4-12《劳务费支出分类审定表》。

【示例4-12】 劳务费支出分类审定表见表4-12。

表4-12　　劳务费支出分类审定表

<table>
<tr><td colspan="2">被审计单位：</td><td>编制人：</td><td>编制日期：</td><td rowspan="2">索引号：</td></tr>
<tr><td colspan="2">项目（课题）执行期间：</td><td>复核人：</td><td>复核日期：</td></tr>
<tr><td>序号</td><td>项目（明细）</td><td>账面支出数</td><td>审计调整数</td><td>审计认定数</td></tr>
<tr><td>一、</td><td>中央财政资金</td><td></td><td></td><td></td></tr>
<tr><td>1</td><td>劳务性支出</td><td></td><td></td><td></td></tr>
<tr><td>2</td><td>咨询专家支出</td><td></td><td></td><td></td></tr>
</table>

续表

序号	项目（明细）	账面支出数	审计调整数	审计认定数
二、	其他来源资金			
1	劳务性支出			
2	咨询专家支出			
合　计				
审计说明：				
审计结论：				

（3）劳务费支出审计程序表，详见示例4－13《劳务费支出审计程序表》。

【示例4－13】劳务费支出审计程序表见表4－13。

表4－13　　劳务费支出审计程序表

被审计单位：	编制人：	索引号：
项目（课题）名称：	编制日期：	
项目（课题）编号：	复核人：	页次：
项目（课题）执行期间：	复核日期：	
审计程序	执行情况说明（是/否/不适用）	执行人
获取劳务费支出明细账并进行分析，与被审计单位的总账系统核对是否相符，分别实施如下审计程序：		
1. 劳务性支出		
（1）抽查劳务性支出发放清单，检查是否列支项目（课题）执行期外发生的支出，检查是否存在超范围列支的情况，如事业单位的在编人员工资、企业在职人员工资等。		
（2）获取劳务聘用合同、劳务派遣及聘用协议等支持性证据，检查提供劳务内容是否与项目（课题）研究任务直接相关。		

续表

审计程序	执行情况说明（是/否/不适用）	执行人
(3) 检查开支标准是否符合相关规定。根据《国家重点研发计划资金管理办法》（财教〔2021〕178号）规定，项目聘用人员劳务费开支标准，参照当地科学研究和技术服务业从业人员平均工资水平，根据其在项目研究中承担的工作任务确定，其由单位缴纳的社会保险补助、住房公积金等纳入劳务费科目开支。		
(4) 关注大额劳务性支出的转账凭证及发放签收单相关信息，检查发放手续是否齐全；检查劳务性支出发放方式是否符合相关要求，原则上应通过银行转账方式，重点关注大额现金发放劳务性支出情况。		
(5) 关注劳务性支出发放给劳务派遣公司等非个人的情况，注册会计师应采取进一步的审计程序以核实劳务性支出发放的真实性。		
……		
2. 咨询专家支出		
(1) 检查开支标准、内容、范围等是否符合相关规定，是否列支发放对象或提供咨询服务内容与项目无关的支出，是否列支项目（课题）执行期外发生的支出，是否向项目（课题）组成员以及参与项目（课题）管理的相关工作人员发放专家咨询支出。		
(2) 重点关注大额专家咨询支出的记账凭证及发放签收单相关信息，检查发放签收单内容是否齐全。		
(3) 检查专家咨询支出发放方式是否符合相关要求，原则上应通过银行转账方式，重点关注现金方式支出。		
……		

(4) 劳务费支出情况检查表，详见示例4-14《劳务费支出情况检查表》。

【示例4－14】劳务费支出情况检查表见表4－14。

表4－14　劳务费支出情况检查表

<table>
<tr><td colspan="4">被审计单位：</td><td>编制人：</td><td colspan="5">编制日期：</td><td>索引号：</td></tr>
<tr><td colspan="4">项目（课题）执行期间：</td><td>复核人：</td><td colspan="5">复核日期：</td><td>页次：</td></tr>
<tr><td rowspan="2">记账日期</td><td rowspan="2">凭证号</td><td rowspan="2">业务内容（摘要）</td><td rowspan="2">记账科目</td><td rowspan="2">支出金额</td><td colspan="5">核对内容</td><td rowspan="2">附件</td></tr>
<tr><td>1</td><td>2</td><td>3</td><td>4</td><td>5</td></tr>
<tr><td colspan="11">1. 劳务性支出</td></tr>
<tr><td></td><td></td><td></td><td></td><td></td><td></td><td></td><td></td><td></td><td></td><td></td></tr>
<tr><td></td><td></td><td></td><td></td><td></td><td></td><td></td><td></td><td></td><td></td><td></td></tr>
<tr><td colspan="3">小计</td><td>抽凭金额</td><td></td><td colspan="5">抽凭比例</td><td></td></tr>
<tr><td colspan="11">2. 咨询专家支出</td></tr>
<tr><td></td><td></td><td></td><td></td><td></td><td></td><td></td><td></td><td></td><td></td><td></td></tr>
<tr><td></td><td></td><td></td><td></td><td></td><td></td><td></td><td></td><td></td><td></td><td></td></tr>
<tr><td colspan="3">小计</td><td>抽凭金额</td><td></td><td colspan="5">抽凭比例</td><td></td></tr>
<tr><td colspan="3">合计</td><td>抽凭金额</td><td></td><td colspan="5">抽凭比例</td><td></td></tr>
<tr><td colspan="11">核对内容说明：
1. 原始凭证（如审批单、银行单据、发票、合同、验收单等）是否齐全并相互勾稽；2. 记账凭证与原始凭证是否相符；3. 财务处理是否正确；4. 项目（课题）经费支出是否与项目（课题）研究任务相关；5. 项目（课题）经费支出是否符合资金管理办法规定。
检查结论：</td></tr>
</table>

（四）业务费支出情况的实质性程序

根据《国家重点研发计划资金管理办法》（财教〔2021〕178号）规定，业务费是指在项目实施过程中消耗的各种材料、辅助材料等低值易耗品的采购、运输、装卸、整理等费用，发生的测试化验加工、燃料动力、出版/文献/信息传播/知识产权事务、会议/差旅/国际合作交流等费用，以及其他相关支出。

根据上述规定，注册会计师需要获取业务费支出明细账，进行分类分析；与被审计单位的总账系统核对，检查是否相符，分别针对项目实施过程中消耗的各种材料、辅助材料等低值易耗品的采购、运输、装卸、整理等费用，发生的测试化验加工、燃料动力、出版/文献/信息传播/知识产权事务、会议/差旅/国际合作交流等费用，以及其他相关支出等设计和实施审计程序。

1. 材料、辅助材料等低值易耗品的采购、运输、装卸、整理等支出

（1）抽查大额采购的材料、辅助材料等低值易耗品明细、采购合同、货物清单、验收购入单等信息，与项目（课题）任务书核对，分析是否与研究任务相关。

（2）检查是否列支项目（课题）执行期外的材料支出，重点关注科研用材料的采购或领用是否与被审计单位日常经营活动或生产、基本建设用材料有明确区分。

（3）检查大宗材料支出的支付是否存在非银行转账方式结算的情况，关注资金实际流向是否与开具发票单位一致；关注是否存在向关联方单位采购材料的情况，必要时实施进一步的审计程序。

（4）检查科研购入材料相关购入、验收和领用手续是否完备，购入验收手续是否具有实质性管理作用。

（5）检查采购的材料库存，判断购置的材料是否全部用于项目（课题）研究支出，材料结存管理是否符合相关规定。

实务中，材料、辅助材料等低值易耗品的支出是科研经费支出的重要内容，基本上每个项目（课题）都有涉及且比重较大，受科研单位内控管理水平和人财物内控建设成本方面的固有限制，大多数科研单位都未能在材料购买、验收和领用等环节建立相关制度，专用材料在实物管理方面缺乏有效监督。一旦出于客观原因或者主观需要甚至个人贪腐时，很容易出现价格虚高、虚报数量甚至是虚构交易等舞弊行为。注册会计师在审计过程中要引起高度的重视，核实是否存在上述情况。

2. 测试化验加工支出

（1）检查是否列支项目（课题）执行期外发生的支出、是否存在明显与项目（课题）无关的测试化验加工支出。

（2）关注检验、测试、化验、加工承担单位是否具有相应资质或能

力，收费是否公允。

（3）关注检验、测试、化验等是否取得结果报告或分析测试报告等成果性资料。

实务中，检验测试化验加工的结果一般表现为测试化验报告或加工后的产品。注册会计师在审计过程中，应重点审查测试化验报告的内容是否完整，是否是预算中的内容，是否和研究任务相关。如果结果是加工后的产品，审查时要清点产品，检查产品的性能能否满足研究要求。值得注意的是，测试化验加工的结果专业性比较强，如有必要，可以考虑按照《中国注册会计师审计准则第1421号——利用专家的工作》，聘请相关领域内技术专家对结论进行鉴定，以证实测试化验加工的真实性和相关性。

（4）检查大宗测试化验加工支出的支付是否存在非银行转账方式结算的情况，关注资金实际流向是否与开具发票单位一致。关注是否存在向关联方单位支付测试化验加工支出的情况，必要时实施进一步的审计程序。

（5）检查委托加工件完工后是否办理完备的验收手续。

（6）对于支付给被审计单位内部独立经济核算单位[①]的检验、测试、化验及加工等支出，检查是否有测试记录、收费标准、内部结算规定等，结算程序是否规范。

注册会计师在审计过程中要特别注意，内部独立经济核算单位承担的测试化验加工任务是否按照测试、化验、加工内容发生的实际成本或内部结算价格进行结算而不应按照市场价格结算。

（7）关注是否存在以测试化验加工支出的名义转包科研任务的情况。

《〈国家重点研发计划资金管理办法〉配套实施细则》（国科发资〔2017〕261号）明确规定："应由承担单位完成的研究任务，不得以测试化验加工费的名义分包。"因此，注册会计师在对测试化验加工支出审计过程中，要重点关注是否存在上述情况。

---

① 内部独立经济核算单位是指在单位统一会计制度控制下，单位内部实行独立经济核算的机构或部门。

3. 燃料动力支出

（1）检查是否列支项目（课题）执行期外发生的支出、是否存在与项目（课题）研究无关的燃料动力支出[①]。

注册会计师在审计过程中，应重点关注相关仪器、科学装置等预计运行时间和所消耗的水、电、气、燃料等即期价格并进行测算分析，看是否存在异常。另外，与项目（课题）研究任务相关的科学考察、野外实验勘探等发生的车、船、航空器的燃油费用可在燃料动力费中列支，注册会计师在审计过程中要引起注意。

（2）检查是否列支或分摊被审计单位日常运行的水、电、气、暖等支出。这些支出应在间接费用中列支。

4. 出版/文献/信息传播/知识产权事务支出

（1）检查是否列支项目（课题）执行期外发生的支出、是否存在明显与项目（课题）研究任务无关的资料等支出，重点检查大宗专业资料和软件购置支出。

科研项目（课题）资金可以列支的资料费主要包括项目（课题）研究任务必需的图书、学术资料、数据资源等购买费用，以及与项目（课题）任务相关的资料翻译、打印、复印、装订等费用。注册会计师在审计过程中，要重点关注是否存在超范围列支与研究任务无关的资料费的情况。

（2）检查是否列支与研究任务无关的操作系统、办公软件支出，是否列支日常普通通讯费及耗材等日常办公费用或个人通讯费、网费。

科研项目（课题）资金中不应列支通用性操作系统、办公软件等非专用软件的购置费，也不应列支应由个人负担的个人通讯费、网费等支出。注册会计师在审计过程中，要重点关注是否存在上述情况。

（3）检查符合无形资产确认条件的资产是否准确计量和记录，是否存在账外资产。

---

① 燃料动力支出是指在项目（课题）实施过程中直接使用的相关仪器设备、科学装置等运行发生的水、电、气、燃料消耗费用。

《国家重点研发计划资金管理办法》（财教〔2021〕178号）规定："承担单位使用中央财政资金形成的知识产权等无形资产的管理，按照国家有关规定执行。"注册会计师在审计过程中，要重点关注符合无形资产确认条件的资产是否准确计量和记录。

（4）检查购买专业资料、软件以及自行开发软件是否办理验收和领用手续。

（5）检查大宗出版/文献/信息传播/知识产权事务支出的支付是否存在非银行转账方式结算的情况，关注资金实际流向是否与开具发票单位一致。关注是否存在向关联方单位支付出版/文献/信息传播/知识产权事务支出的情况，必要时实施进一步的审计程序。

（6）如项目（课题）的任务目标为软件开发，需关注被审计单位是否以定制或者购买软件的形式将任务外包。

（7）检查专利费等知识产权支出，检查相关合同、支出发票、专利权证书或申报受理函件等，判断是否在本项目（课题）中列支非本项目（课题）形成的专利申请支出和维护支出。

实务中，为完成本项目（课题）研究目标而申请专利的费用，以及该专利在项目（课题）实施周期内发生的维护费用和办理其他知识产权事务发生的费用，如计算机软件著作权、集成电路布图设计权、临床批件、新药证书等可以在科研项目（课题）经费中列支。注册会计师在审计过程中应注意，非本项目（课题）形成的专利申请支出和维护支出、非本项目（课题）形成的其他知识产权发生的费用等不应在本项目（课题）经费中列支。

（8）检查论文发表支出，关注是否列支论文润色/修改/翻译费、是否列支非代表作和"三高"论文发表支出，单篇发表支出超2万元的是否经单位学术委员会对发表必要性进行审核；发表的论文/专著等时间是否合理，是否标注为本项目（课题）资助，并作为第一标注。

关于论文发表，中国科协、教育部、科技部、卫生计生委、中科院工程院、自然科学基金会发布的关于印发《发表学术论文"五不准"》的通知（科协发组字〔2015〕98号）规定："1. 不准由'第三方'代写论文。科技工作者应自己完成论文撰写，坚决抵制'第三方'提供论文代写服务。……3. 不准由'第三方'对论文内容进行修改……"《科学技术活动违规行为处理暂行规定》（科学技术部第19号令）第十条规定："第三方科学技术服务机构及其工作人员的违规行为包括以下情形：……（二）从事学术论文买卖、代写代投以及伪造、虚构、篡改研究数据等；……"《关于破除科技评价中"唯论文"不良导向的若干措施（试行）》（国科发监〔2020〕37号）规定："一、……（二十一）对于国家科技计划项目产生的代表作和'三类高质量论文'，发表支出可在国家科技计划项目专项资金中按规定据实列支，其他论文发表支出均不允许列支。对于单篇论文发表支出超过2万元人民币的，需经该论文通讯作者或第一作者所在单位学术委员会对论文发表的必要性审核通过后，方可在国家科技计划项目专项资金中列支……"因此，注册会计师在对论文发表支出的审计过程中，要重点关注上述情况。

5. 会议/差旅/国际合作交流支出

"会议费"是指在项目（课题）实施过程中承担单位为组织开展学术研讨、咨询以及协调项目（课题）等活动而发生的会议费用；"差旅费"是指在项目（课题）实施过程中开展科学实验（试验）、科学考察、业务调研、学术交流等所发生的外埠差旅费、市内交通费用等；"国际合作交流支出"指项目（课题）实施过程中课题研究人员出国（境）及外国专家来华的费用。

（1）抽查与会议/差旅/国际合作交流支出有关的报销单、支出发票、邀请函、会议纪要或总结报告等资料，判断是否列支与本项目（课题）研究任务不相关的支出；检查是否列支项目（课题）执行期外发生的支出。

（2）结合项目（课题）研究任务与研究团队，重点关注支出相关的人员、人数、时间、时长、地点、频次、额度等，判断其相关性、必要性、合理性、经济性等。

（3）检查列支依据是否充分，所附原始凭证等资料是否完整，重点关注是否存在违规列支的旅游费或变相旅游、礼品等不合理支出。

《国家重点研发计划资金管理办法》（财教〔2021〕178号）第三十六条规定："在项目实施过程中，承担单位因科研活动实际需要，邀请国内外专家、学者和有关人员参加由其主办的会议等，对确需负担的城市间交通费、国际旅费，可在会议费等费用中报销。对国内差旅费中的伙食补助费、市内交通费和难以取得发票的住宿费可实行包干制。对野外考察、心理测试等科研活动中无法取得发票或者财政性票据的，在确保真实性的前提下，可按实际发生额予以报销。"因此，注册会计师在对"会议/差旅/国际合作交流支出"审计过程中要重点关注上述费用的支出范围和支出内容。

6. 其他相关支出

"其他相关支出"是指项目（课题）研究过程中必须发生但不包含在上述内容中的支出，如财务验收审计费用，在农业、林业等领域发生的土地租赁费及青苗补偿费，在人口与健康领域发生的临床试验费等。

（1）检查是否列支与项目（课题）无关的支出，如各种罚款、捐款、赞助、投资等支出。

（2）检查是否与前述列举的支出内容重复。

注册会计师在审计过程中应重点关注支出与项目（课题）研究任务的相关性和必要性。

在审计实践中，业务费支出情况实质性程序的底稿编制主要包括：

（1）业务费支出审计导引表，详见示例4-15《业务费支出审计导引表》。

【示例4-15】业务费支出审计导引表见表4-15。

表4-15　　业务费支出审计导引表

被审计单位：	编制人：	编制日期：	索引号：
项目（课题）执行期间：	复核人：	复核日期：	

续表

序号	项目（明细）	批复预算数	调剂后预算数	账面支出数	审计调整数	审计认定数	结余审定数
一	中央财政资金						
二	其他来源资金						
合　计							

审计说明：

审计结论：

（2）业务费支出分类审定表，详见示例4－16《业务费支出分类审定表》。

【示例4－16】业务费支出分类审定表见表4－16。

表4－16　　业务费支出分类审定表

被审计单位：		编制人：	编制日期：	索引号：
项目（课题）执行期间：		复核人：	复核日期：	
序号	项目（明细）	账面支出数	审计调整数	审计认定数
一、	中央财政资金			
1	材料、辅助材料等低值易耗品的采购、运输、装卸、整理等支出			
2	测试化验加工支出			
3	燃料动力支出			
4	出版/文献/信息传播/知识产权事务支出			
5	会议/差旅/国际合作交流支出			
6	其他相关支出			
小　计				
二、	其他来源资金			
1	材料、辅助材料等低值易耗品的采购、运输、装卸、整理等支出			
2	测试化验加工支出			
3	燃料动力支出			

续表

序号	项目（明细）	账面支出数	审计调整数	审计认定数
4	出版/文献/信息传播/知识产权事务支出			
5	会议/差旅/国际合作交流支出			
6	其他相关支出			
小计				
合计				
审计说明：				
审计结论：				

（3）业务费支出审计程序表，详见示例4－17《业务费支出审计程序表》。

【示例4－17】业务费支出审计程序表见表4－17。

表4－17　　业务费支出审计程序表

被审计单位（课题承担单位）：	编制人：	索引号：
项目（课题）名称：	编制日期：	
项目（课题）编号：	复核人：	页次：
项目（课题）执行期间：	复核日期：	
审计程序	执行情况说明（是/否/不适用）	执行人
获取业务费支出明细账并进行分析，与被审计单位的总账系统核对是否相符，并实施如下审计程序：		
1. 材料、辅助材料等低值易耗品的采购、运输、装卸、整理等支出		
（1）抽查大额采购的材料、辅助材料等低值易耗品明细、采购合同、货物清单、验收购入单等信息，与项目（课题）任务书核对，分析是否与研究任务相关。		
（2）检查是否列支项目（课题）执行期外的材料支出，重点关注科研用材料的采购或领用是否与被审计单位日常经营活动或生产、基本建设用材料有明确区分。		

续表

审计程序	执行情况说明（是/否/不适用）	执行人
（3）检查大宗材料支出的支付是否存在非银行转账方式结算的情况，关注资金实际流向是否与开具发票单位一致；关注是否存在向关联方单位采购材料的情况，必要时实施进一步的审计程序。		
（4）检查科研购入材料相关购入、验收和领用手续是否完备，购入验收手续是否具有实质性管理作用。		
（5）检查采购的材料库存，判断购置的材料是否全部用于项目（课题）研究支出，材料结存管理是否符合相关规定。		
……		
2. 测试化验加工支出		
（1）检查是否列支项目（课题）执行期外发生的支出、是否存在明显与项目（课题）无关的测试化验加工支出。		
（2）关注检验、测试、化验、加工承担单位是否具有相应资质或能力，收费是否公允。		
（3）关注检验、测试、化验等是否取得结果报告或分析测试报告等成果性资料。		
（4）检查大宗测试化验加工支出的支付是否存在非银行转账方式结算的情况，关注资金实际流向是否与开具发票单位一致。关注是否存在向关联方单位支付测试化验加工支出的情况，必要时实施进一步的审计程序。		
（5）检查委托加工件完工后是否办理完备的验收手续。		
（6）对于支付给被审计单位内部独立经济核算单位的检验、测试、化验及加工等支出，检查是否有测试记录、收费标准、内部结算规定等，结算程序是否规范。		
（7）关注是否存在以测试化验加工支出的名义转包科研任务的情况。		
……		

续表

审计程序	执行情况说明（是/否/不适用）	执行人
3. 燃料动力支出		
(1) 检查是否列支项目（课题）执行期外发生的支出、是否存在与项目（课题）研究无关的燃料动力支出。		
(2) 检查是否列支或分摊被审计单位日常运行的水、电、气、暖等支出。		
……		
4. 出版/文献/信息传播/知识产权事务支出		
(1) 检查是否列支项目（课题）执行期外发生的支出、是否存在明显与项目（课题）研究任务无关的专业资料等支出，重点检查大宗专业资料和软件购置支出。		
(2) 检查是否列支与研究任务无关的操作系统、办公软件支出，是否列支日常普通通讯费及耗材等日常办公费用或个人通讯费、网费。		
(3) 检查符合无形资产确认条件的资产是否准确计量和记录，是否存在账外资产。		
(4) 检查购买专业资料、软件以及自行开发软件是否办理验收和领用手续。		
(5) 检查大宗出版/文献/信息传播/知识产权事务支出的支付是否存在非银行转账方式结算的情况，关注资金实际流向是否与开具发票单位一致。关注是否存在向关联方单位支付出版/文献/信息传播/知识产权事务支出的情况，必要时实施进一步的审计程序。		
(6) 如项目（课题）的任务目标为软件开发，需关注被审计单位是否以定制或者购买软件的形式将任务外包。		
(7) 检查专利费等知识产权支出，检查相关合同、支出发票、专利权证书或申报受理函件等，判断是否在本项目（课题）中列支非本项目（课题）形成的专利申请支出和维护支出。		

续表

审计程序	执行情况说明（是/否/不适用）	执行人
(8) 检查论文发表支出，关注是否列支论文润色/修改/翻译费、是否列支非代表作和“三高”论文发表支出，单篇发表支出超2万元的是否经单位学术委员会对发表必要性进行审核；发表的论文/专著等时间是否合理，是否标注为本项目（课题）资助，并作为第一标注。		
……		
5. 会议/差旅/国际合作交流支出		
(1) 抽查与会议/差旅/国际合作交流支出有关的报销单、支出发票、邀请函、会议纪要或总结报告等资料，判断是否列支与本项目（课题）研究任务不相关的支出；检查是否列支项目（课题）执行期外发生的支出。		
(2) 结合项目（课题）研究任务与研究团队，重点关注支出相关的人员、人数、时间、时长、地点、频次、额度等，判断其相关性、必要性、合理性、经济性等。		
(3) 检查列支依据是否充分，所附原始凭证等资料是否完整，重点关注是否存在违规列支的旅游费或变相旅游、礼品等不合理支出。		
……		
6. 其他相关支出		
(1) 检查是否列支与项目（课题）无关的支出，如各种罚款、捐款、赞助、投资等支出。		
(2) 检查是否与前述列举的支出内容重复。		
……		

（4）业务费支出检查表，详见示例4－18《业务费支出检查表》。

【示例4－18】业务费支出检查表见表4－18。

表 4－18 **业务费支出检查表**

被审计单位：				编制人：	编制日期：					索引号：
项目（课题）执行期间：				复核人：	复核日期：					页次：
记账日期	凭证号	业务内容（摘要）	记账科目	支出金额	核对内容					附件
					1	2	3	4	5	
1. 材料、辅助材料等低值易耗品的采购、运输、装卸、整理等支出										
抽凭金额小计					抽凭比例					
2. 测试化验加工支出										
抽凭金额小计					抽凭比例					
3. 燃料动力支出										
抽凭金额小计					抽凭比例					
4. 出版/文献/信息传播/知识产权事务支出										
抽凭金额小计					抽凭比例					
5. 会议/差旅/国际合作交流支出										
抽凭金额小计					抽凭比例					
6. 其他相关支出										
抽凭金额小计					抽凭比例					
抽凭金额合计					抽凭比例					

核对内容说明：1. 原始凭证（如审批单、银行单据、发票、合同、验收单等）是否齐全并相互勾稽；2. 记账凭证与原始凭证是否相符；3. 财务处理是否正确；4. 项目（课题）经费支出是否与项目（课题）研究任务相关；5. 项目（课题）经费支出是否符合资金管理办法规定。

检查结论：

（五）间接费用支出情况的实质性程序

根据《国家重点研发计划资金管理办法》（财教〔2021〕178 号）第十八条规定，间接费用是指承担单位在组织实施项目过程中发生的无法在直接费用中列支的相关费用。主要包括：承担单位为项目研究提供的房屋占用，日常水、电、气、暖等消耗，有关管理费用的补助支出，以及激励科研人员的绩效支出等。第二十二条规定，结合承担单位信用情况，间接费用实行总额控制，按照不超过课题直接费用扣除设备购置费后的一定比例核定。具体比例如下：（1）500 万元及以下部分为 30%；（2）超过 500 万元至 1000 万元的部分为 25%；（3）超过 1000 万元以上的部分为 20%。第二十三条规定，间接费用由承担单位统筹安排使用。承担单位应当建立健全间接费用的内部管理办法，公开透明、合规合理使用间接费用，处理好分摊间接成本和对科研人员激励的关系。绩效支出安排应当与科研人员在项目工作中的实际贡献挂钩。承担单位可将间接费用全部用于绩效支出，并向创新绩效突出的团队和个人倾斜。课题中有多个单位的，间接费用在总额范围内由课题承担单位与参与单位协商分配。承担单位不得在核定的间接费用以外，再以任何名义在项目资金中重复提取、列支相关费用。

根据上述规定，注册会计师需要获取间接费用支出明细账并进行分析，与被审计单位的总账系统核对是否相符，并设计和实施如下审计程序：

1. 了解被审计单位间接费用管理模式，如是否由被审计单位统筹安排，被审计单位是否制定相应管理办法。

2. 核对间接费用支出或提取金额是否超过项目（课题）任务书预算所列金额。

3. 关注被审计单位是否在间接费用以外，在课题中重复提取、列支相关费用。

4. 抽查绩效支出发放清单，了解项目（课题）总体绩效支出情况和发放给项目（课题）研究人员的绩效支出情况。

应当注意的是，在实务中，间接费用可采用计提方式，也可采用实际列支方式，或采用混合方式；由单位统筹安排的，项目（课题）单位应制定相应管理办法；项目（课题）单位可将间接费用全部用于绩效支出，绩效发放要突出重点，并与业绩挂钩，原则上不应发放给非课题组成员。在审计过程中，注册会计师要重点把握间接费用，实行总额控制，计提和支出合计金额不应超过批复预算金额。

在审计实践中，间接费用支出情况实质性程序的底稿编制主要包括：

（1）间接费用支出审计导引表，详见示例 4－19《间接费用支出审计导引表》。

【示例 4－19】间接费用支出审计导引表见表 4－19。

表 4－19　　　　间接费用支出审计导引表

被审计单位：			编制人：		编制日期：		索引号：
项目（课题）执行期间：			复核人：		复核日期：		
序号	项目（明细）	预算批复数	调剂后预算数	账面支出数	审计调整数	审计认定数	结余审定数
一、	中央财政资金						
二、	其他来源资金						
合　计							

审计说明：

审计结论：

（2）间接费用支出审计程序表，详见示例 4－20《间接费用支出审计程序表》。

【示例 4－20】间接费用支出审计程序表见表 4－20。

表 4－20　　　　间接费用支出审计程序表

被审计单位（课题承担单位）：	编制人：	索引号：
项目（课题）名称：	编制日期：	
项目（课题）编号：	复核人：	页次：
项目（课题）执行期间：	复核日期：	

续表

审计程序	执行情况说明（是/否/不适用）	执行人
(1) 获取间接费用支出明细账并进行分析。		
(2) 了解被审计单位间接费用管理模式，如是否由被审计单位统筹安排，被审计单位是否制定相应管理办法。		
(3) 核对间接费用支出或提取金额是否超过项目（课题）任务书预算所列金额。		
(4) 关注被审计单位是否在间接费用以外，在课题中重复提取、列支相关费用。		
(5) 抽查绩效支出发放清单，了解项目（课题）总体绩效支出情况和发放给项目（课题）研究人员的绩效支出情况。		
……		

四、应付未付支出和预计支出情况的实质性程序

（一）应付未付支出情况的实质性程序

应付未付支出是指项目（课题）执行期内发生的与项目（课题）研发活动直接相关的费用尚未支付、需在基准日后支付的款项。

在实务中，注册会计师需要掌握结题审计的关键日期，以便恰当认定各类支出。应依据项目（课题）任务书确定项目（课题）的开始日和结束日，项目（课题）的结束日即为审计基准日，项目（课题）的开始日和结束日期间为项目（课题）执行期。在课题执行期内发生的与课题研发活动直接相关的费用，已经支付的金额，列为课题资金支出审计认定数，需要在审计基准日后支付的金额，列为应付未付审计认定数。在审计基准日后发生的或预计发生的与课题结题综合绩效评价相关的必须支出，列为预计支出。注册会计师在实施细节测试时，需要关注支出证据的日期，恰当认定各类支出。

针对应付未付支出，注册会计师需要设计和实施如下审计程序：

1. 获取应付未付支出明细清单，检查相关支出是否为项目（课题）执行期内已发生业务且与项目（课题）研究任务直接相关的支出。

2. 通过获取与应付未付支出有关的合同、发票等相关资料，逐一分析确认未支付原因，判断是否存在不需支付的款项等。

3. 关注应付未付支出的支付对象，判断是否存在关联方交易情况，是否存在“突击花钱”的情况，必要时实施进一步的审计程序。

《科技部办公厅关于坚决遏制国家重点研发计划项目（课题）“突击花钱”中“四风”问题的通知》（国科办资〔2021〕36 号）指出：结合国家重点研发计划项目经费管理使用实际，以及近年来发现的主要问题，与“突击花钱”类似的情况主要有：一是以违规先行拨付支付等方式“套现提现”，存在“以拨代支”、“虚列开支”、“违规先行拨付资金”等套取、转移项目资金现象。二是巧立名目突击乱发钱、花钱。违规以专家业务咨询费、项目服务费、项目外协费等名目，高开或虚开列支费用。三是为规避预算执行考核，举办内容雷同的学术研讨会、交流会、讲座、论坛等各类线下活动等，集中产生大量不合理支出。四是开展“面子工程”“形象工程”等。如因科研设备和仪器未合理共享使用而大量重复购置，以及产生大量与项目（课题）任务不相关的资金支出等。此外，还包括在国家科技计划项目（课题）资金管理使用过程中，存在与“政策相符性、目标相关性、经济合理性”原则不符的其他情况。因此，注册会计师在审计过程中，要重点关注是否存在上述情况。

在审计实践中，应付未付支出情况实质性程序的底稿编制主要包括：

（1）应付未付支出审计导引表，详见示例 4－21《应付未付支出审计导引表》。

【示例 4－21】 应付未付支出审计导引表见表 4－21。

表 4－21　　　　应付未付支出审计导引表

被审计单位名称			签字	时间	索引号
项目（课题）名称		执行人			
项目（课题）执行期间		复核人			

续表

序号	预算科目	单位申报应付未付支出金额	审计调整数	审计认定数	备注
合计					

审计说明：

审计结论：

（2）应付未付支出审计程序表，详见示例4－22《应付未付支出审计程序表》。

【示例4－22】应付未付支出审计程序表见表4－22。

表4－22　　应付未付支出审计程序表

<table>
<tr><td>被审计单位名称</td><td colspan="2"></td><td>签字</td><td>时间</td><td>索引号</td></tr>
<tr><td>项目（课题）名称</td><td></td><td>执行人</td><td></td><td></td><td rowspan="2"></td></tr>
<tr><td>项目（课题）
执行期间</td><td></td><td>复核人</td><td></td><td></td></tr>
<tr><td colspan="3">审计程序</td><td colspan="2">执行情况说明
（是/否/不适用）</td><td>执行人</td></tr>
<tr><td colspan="3">1. 获取应付未付支出明细清单，检查相关支出是否为项目（课题）执行期内已发生业务且与项目（课题）研究任务直接相关的支出。</td><td colspan="2"></td><td></td></tr>
<tr><td colspan="3">2. 通过获取与应付未付支出有关的合同、发票等相关资料，逐一分析确认未支付原因，判断是否存在不需支付的款项等。</td><td colspan="2"></td><td></td></tr>
<tr><td colspan="3">3. 关注应付未付支出的支付对象，判断是否存在关联方交易情况，是否存在“突击花钱”的情况，必要时实施进一步的审计程序。</td><td colspan="2"></td><td></td></tr>
<tr><td colspan="3">……</td><td colspan="2"></td><td></td></tr>
</table>

（3）应付未付支出检查表，详见示例4-23《应付未付支出检查表》。

【示例4-23】应付未付支出检查表见表4-23。

表4-23 应付未付支出检查表

被审计单位：				编制人：	编制日期：	索引号：
项目（课题）执行期间：				复核人：	复核日期：	
序号	预算科目	单位申报应付未付支出内容	应付未付金额	审计调整金额	应付未付支出审定金额	备注
1						
2						
合计						
检查说明：						
检查结论：						

（二）预计支出情况的实质性程序

预计支出是指审计基准日后发生的或预计发生的与项目（课题）绩效评价、成果管理相关的必要支出。针对预计支出，注册会计师需要设计和实施如下审计程序：

1. 获取预计支出明细清单，判断相关支出是否为审计基准日后发生或预计发生的与项目（课题）绩效评价、成果管理相关的必需支出，如审计、参加或组织项目（课题）绩效评价、成果发表等。

2. 逐一检查各项预计后续支出金额及使用计划，判断其是否符合政策相符性、目标相关性和经济合理性原则。

在审计实践中，预计支出情况实质性程序的底稿编制主要包括：

（1）预计支出审计导引表，详见示例4-24《预计支出审计导引表》。

【示例4-24】预计支出审计导引表见表4-24。

表 4－24　　　　**预计支出审计导引表**

被审计单位名称			签字	时间	索引号
项目（课题）名称		执行人			
项目（课题）执行期间		复核人			
序号	预算科目	单位申报预计支出金额	审计调整数	审计认定数	备注
合计					

审计说明：

审计结论：

（2）预计支出审计程序表，详见示例 4－25《预计支出审计程序表》。

【示例 4－25】 预计支出审计程序表见表 4－25。

表 4－25　　　　**预计支出审计程序表**

被审计单位名称			签字	时间	索引号
项目（课题）名称		执行人			
项目（课题）执行期间		复核人			
审计程序			执行情况说明（是/否/不适用）		执行人
1. 获取预计支出明细清单，判断相关支出是否为审计基准日后发生或预计发生的与项目（课题）绩效评价、成果管理相关的必需支出，如审计、参加或组织项目（课题）绩效评价、成果发表等。					
2. 逐一检查各项预计后续支出金额及使用计划，判断其是否符合政策相符性、目标相关性和经济合理性原则。					
……					

(3) 预计支出检查表，详见示例4-26《预计支出检查表》。

【示例4-26】 预计支出检查表见表4-26。

表4-26　　预计支出检查表

被审计单位：				编制人：	编制日期：	索引号：
项目（课题）执行期间：				复核人：	复核日期：	
序号	预算科目	单位申报预计支出内容	预计支出金额	审计调整金额	预计支出审定金额	备注
1						
2						
合计						
检查说明：						
检查结论：						

五、相关部门检查时发现问题整改情况的实质性程序

对于相关部门，比如项目（课题）经费主管部门、监管部门、审计部门等在项目（课题）执行期间进行检查时，发现的需要整改的相关问题，被审计单位应积极进行整改。针对该事项，注册会计师需要设计和实施如下审计程序：

1. 了解被审计单位在项目（课题）执行期间，是否接受过相关部门，比如项目（课题）经费主管部门、监管部门、审计部门等的检查。

2. 向被审计单位索取相关部门在项目（课题）执行期间检查过程中出具的检查报告或审计报告。

3. 逐项核实相关检查或审计报告反映的问题，被审计单位是否整改，整改是否到位。

在审计实践中，相关部门检查时发现问题整改情况实质性程序的底稿编制，详见示例4-27《相关部门检查时发现问题的整改情况审计程序

表》。

【示例4－27】相关部门检查时发现问题的整改情况审计程序表见表4－27。

表4－27　　相关部门检查时发现问题的整改情况审计程序表

<table>
<tr><td>被审计单位名称</td><td colspan="2"></td><td>签字</td><td>时间</td><td>索引号</td></tr>
<tr><td>项目（课题）名称</td><td></td><td>执行人</td><td></td><td></td><td rowspan="2"></td></tr>
<tr><td>项目（课题）
执行期间</td><td></td><td>复核人</td><td></td><td></td></tr>
<tr><td colspan="3">审计程序</td><td colspan="2">执行情况说明
（是/否/不适用）</td><td>执行人</td></tr>
<tr><td colspan="3">1. 了解被审计单位在项目（课题）执行期间，是否接受过相关部门，比如项目（课题）经费主管部门、监管部门、审计部门等的检查。</td><td colspan="2"></td><td></td></tr>
<tr><td colspan="3">2. 向被审计单位索取相关部门在项目（课题）执行期间检查过程中出具的检查或审计报告。</td><td colspan="2"></td><td></td></tr>
<tr><td colspan="3">3. 逐项核实相关检查或审计报告反映的问题，被审计单位是否整改，整改是否到位。</td><td colspan="2"></td><td></td></tr>
<tr><td colspan="3">……</td><td colspan="2"></td><td></td></tr>
</table>

另外，在临近审计结束时，注册会计师可以根据《中国注册会计师审计准则第1313号——分析程序》的有关规定，设计和实施分析程序[①]，以帮助注册会计师对科研项目（课题）资金投入、使用和管理形成总体结论，以确定是否与其对被审计单位的了解一致。在设计和实施分析程序时，无论单独使用或与细节测试结合使用，注册会计师都应当：（1）考虑针对所涉及认定评估的重大错报风险和实施的细节测试（如有），确定特定分析程序对这些认定的适用性；（2）考虑可获得信息的来源、可比性、

① 分析程序是指注册会计师通过研究不同财务数据之间以及财务数据与非财务数据之间的内在关系，对财务信息作出评价。分析程序还包括在必要时对识别出的、与其他相关信息不一致或与预期值差异重大的波动或关系进行调查。

性质和相关性以及与信息编制相关的控制，评价在对已记录的金额或比率做出预期时使用数据的可靠性；（3）对已记录的金额或比率做出预期，并评价预期值是否足够精确以识别重大错报（包括单项重大的错报和单项虽不重大但连同其他错报可能导致财务报表产生重大错报的错报）；（4）确定已记录金额与预期值之间可接受的，且无需作进一步调查的差异额。

针对科研项目（课题）资金投入、拨付和使用管理等方面，注册会计师在审计过程中，需要重点分析是否存在《国家重点研发计划资金管理办法》（财教〔2021〕178）第三十七条列举的以下十种行为，即：（1）编报虚假预算；（2）未对重点研发计划资金进行单独核算；（3）列支与本项目任务无关的支出；（4）未按规定执行和调剂预算、违反规定转拨重点研发计划资金；（5）虚假承诺其他来源资金；（6）通过虚假合同、虚假票据、虚构事项、虚报人员等弄虚作假，转移、套取、报销重点研发计划资金；（7）截留、挤占、挪用重点研发计划资金；（8）设置账外账、随意调账变动支出、随意修改记账凭证、提供虚假财务会计资料等；（9）使用项目资金列支应当由个人负担的有关费用和支付各种罚款、捐款、赞助、投资，偿还债务等；（10）其他违反国家财经纪律的行为。

值得注意的是，任何一项制度和政策都不可能涵盖所有情形，这就要求注册会计师在审计过程中要具体问题具体分析，以事实为依据，结合经费支出事项的本质和前因后果，分析其合理性、特殊性，避免拿着政策文件“生搬硬套”；项目（课题）科研经费审计要尊重科研单位自主权，对于各科研单位自主制定的会议、差旅、报销、设备采购等具体细则上的差异，要注重特殊和一般的协调统一，避免“都用一把尺子来衡量”。

第五章

完成审计工作

科研项目（课题）结题审计工作与其他审计业务一样，从开始到结束主要包括三个阶段，即计划审计阶段、实施审计阶段和完成审计阶段。在完成审计阶段，主要工作包括整理、评价审计证据，全面评估问题风险，整理、复核审计工作底稿，形成审计意见，编制审计报告等。

一、整理、评价审计证据

根据《中国注册会计师审计准则第 1301 号——审计证据》规定，注册会计师应当根据具体情况设计和实施恰当的审计程序，以获取充分、适当的审计证据。在形成审计意见的过程中，注册会计师的大部分工作是获取和评价审计证据。

审计证据是注册会计师为了得出科研项目（课题）资金投入、拨付和使用管理等方面审计结论和形成审计意见而使用的信息。审计证据包括构成科研项目（课题）资金投入、拨付和使用管理等方面的会计记录所含有的信息和从其他来源获取的信息。审计证据对于支持审计意见和审计报告是必要的。审计证据在性质上具有累积性，主要是在审计过程中通过实施审计程序获取的；也可能包括从其他来源获取的信息，如以前审计或会计师事务所在客户关系和具体业务的接受与保持过程中获取的信息。除从被审计单位内部和外部其他来源获取的信息外，会计记录也是重要的审计证据来源。在某些情况下，信息的缺乏（如管理层拒绝提供注册会计师要求的声明）本身也构成审计证据，可以被注册会计师利用。

（一）评价审计证据的充分性和适当性

审计证据的充分性和适当性相互关联。充分性是对审计证据数量的衡量，注册会计师需要获取的审计证据的数量受其对重大错报风险评估的影响（评估的重大错报风险越高，需要的审计证据可能越多），并受审计证据质量的影响（审计证据质量越高，需要的审计证据可能越少）。然而，注册会计师仅靠获取更多的审计证据可能无法弥补其质量上的缺陷。

审计证据的适当性是对审计证据质量的衡量，即审计证据在支持审计意见所依据的结论方面具有的相关性和可靠性。审计证据的可靠性受其来源和性质的影响，并取决于获取审计证据的具体环境。

（二）评价审计证据的相关性和可靠性

所有审计证据的质量均受其所依据信息的相关性和可靠性的影响。相关性是指用作审计证据的信息与审计程序的目的和所考虑的相关认定之间有逻辑联系。用作审计证据信息的可靠性以及审计证据本身的可靠性，受其来源和性质的影响，并取决于获取该证据的环境，包括与编制和维护该信息相关的控制。判断审计证据可靠性的一般原则包括：（1）从被审计单位外部独立来源获取的审计证据比从其他来源获取的审计证据更可靠；（2）相关控制有效时内部生成的审计证据比控制薄弱时内部生成的审计证据更可靠；（3）直接获取的审计证据比间接获取或推论得出的审计证据更可靠；（4）以文件记录形式（包括纸质、电子或其他介质）存在的审计证据比口头形式的审计证据更可靠；（5）从原件获取的审计证据比从复印、传真或通过拍摄、数字化或其他方式转化成电子形式的文件获取的审计证据更可靠。

（三）审计证据的获取

为获取审计证据而实施包括询问、检查、观察、函证、重新计算、重新执行和分析程序，并将其用作风险评估程序、控制测试或实质性程序。尽管询问可以提供重要的审计证据，甚至可以提供某项错报的证据，但询问本身通常并不能为认定层次不存在重大错报和内部控制运行的有效性提供充分的审计证据，注册会计师通常将这些程序进行组合运用。如果一项测试所提供的审计证据在与已获取的或拟获取的其他审计证据一并考虑时能够充分满足审计目的，则该项测试是有效的。在选取测试项目时，要求注册会计师确定用作审计证据的信息的相关性和可靠性，而测试的有效性的另一方面（充分性）在选取测试项目时也需要重点考虑。

通常情况下，注册会计师选取测试项目的方法包括：选取全部项目（100%检查）；选取特定项目；审计抽样。采用上述一种方法或几种方法的组合都可能是适当的，这取决于具体情况以及不同方法的实用性和效率。

1. 选取全部项目。注册会计师可能认为检查构成某类交易或账户余额的项目的总体（或总体中的一层）将是最恰当的。在下列情况下，100%检查可能是适当的：（1）总体由少量的大额项目构成；（2）存在特别风险且其他方法未提供充分、适当的审计证据；（3）由于信息系统自动执行的计算或其他程序具有重复性，对全部项目进行检查符合成本效益原则。对全部项目进行检查，通常更适用于细节测试。实务中，比如中央财政资金到位情况和拨付情况可以选取全部项目进行测试。

2. 选取特定项目。根据对被审计单位的了解、评估的重大错报风险和所测试总体的特征等，注册会计师可能决定从总体中选取特定项目。选取特定项目的判断还取决于非抽样风险。选取的特定项目可能包括：（1）大额或关键项目。注册会计师可能决定在总体中选取特定项目，因为其金额重大或者显示某些其他特征（可疑的、异常的、尤其容易有风险的或者曾经出错的项目），比如大额的设备费支出、大额的劳务费和业务费支出等；（2）超过某一金额的全部项目。注册会计师可能决定检查记录金额超过某一设定金额的所有项目，从而验证某类交易或账户余额的大部分金额；（3）被用于获取某些信息的项目。注册会计师可能通过检查某些项目以获取被审计单位的性质或交易的性质等事项的信息，如论文润色费支出、研究生论文答辩支出、专利费的维护支出等。虽然从某类交易或账户余额中选取特定项目进行检查通常是获取审计证据的有效手段，但并不构成审计抽样。对按照这种方法所选取的项目实施审计程序的结果，不能推断至总体。因此，选取特定项目的检查不能为总体中剩余的部分提供审计证据。

3. 审计抽样。注册会计师对具有审计相关性的总体中低于百分之百的项目实施审计程序，使所有抽样单元都有被选取的机会，为注册会计师针对总体得出结论提供合理基础。审计抽样旨在基于对样本的测试，从而形成对总体的结论。

《中国注册会计师审计准则第 1314 号——审计抽样》及其应用指南指出，在设计审计样本时，注册会计师应当考虑审计程序的目的和抽样总体的特征。注册会计师应当确定足够的样本规模，以将抽样风险降至可接受的低水平。注册会计师应当对样本结果、使用审计抽样是否已为注册会计师针对所测试的总体得出的结论提供合理基础进行评价。

二、评估审计问题风险

注册会计师在实施恰当的审计程序后，应当汇总实施审计程序得出的结果，评价根据审计证据得出的结论是否恰当。在得出结论时，注册会计师应当考虑以下事项：（1）是否按照《中国注册会计师审计准则第 1231 号——针对评估的重大错报风险采取的应对措施》的规定，已获取充分、适当的审计证据；（2）按照《中国注册会计师审计准则第 1251 号——评价审计过程中识别出的错报》的规定，评价未更正违规事项单独或汇总起来是否重大。在判断未更正违规事项是否重大时，注册会计师需要考虑问题的性质、造成的后果影响等因素。

按照《中国注册会计师审计准则第 1251 号——评价审计过程中识别

出的错报》的规定，注册会计师应当累积审计过程中识别出的问题，如果管理层应注册会计师的要求，检查了科研项目（课题）资金投入、拨付和使用管理等方面并更正了已发现的问题，注册会计师应当实施追加的审计程序，以确定问题是否仍然存在。

注册会计师应汇总审计过程中发现的问题，并根据问题的重要性确定建议被审计单位调整的事项，编制交换意见表。除非法律法规禁止，注册会计师应当及时将审计过程中累积的所有问题与适当层级的管理层进行沟通。注册会计师还应当要求管理层更正这些问题。如果管理层拒绝更正沟通的部分或全部问题，注册会计师应当了解管理层不更正问题的理由，并考虑如何在审计报告中进行披露。

注册会计师应当与被审计单位相关人员就下列事项进行沟通，并签字确认：（1）审计意见的类型及审计报告的措辞；（2）审计发现的问题汇总表和调整事项汇总表等；获得被审计单位就审计发现的问题同意整改的书面确认和整改文件，同意账项调整、列报调整事项的书面确认和调整记录；如果被审计单位不同意整改，不同意调整，应要求其说明原因。根据已经整改和未整改情况确定是否在审计报告中予以反映，以及如何反映。就上述问题与治理层沟通时，应提交书面沟通函，并获得治理层的确认。实务中，科研项目（课题）资金投入、拨付和使用管理等方面，常见的问题如下：

（一）项目（课题）单位法人责任落实情况方面的问题

1. 单位财务管理制度建立健全情况，见表5－1。

表5－1　　单位财务管理制度建立健全方面问题与表现情况表

序号	问题描述	主要表现
1	单位科研资金管理的相关规定与国家政策矛盾或相抵触	项目（课题）承担单位制度明显存在与国家政策文件规定矛盾或相抵触的内容。比如：单位制度规定横向课题严格按照纵向管理；单位制度规定执行期内预算科目不允许调整或只允许调整1次等；单位制度规定野外考察等无法取得票据的一律不得报销；间接经费中绩效比例设定限制等

续表

序号	问题描述	主要表现
2	与科研资金管理相关的重要财务制度缺失	与科研资金管理相关的财务制度缺失，如资金拨付审核、报销审核、结算方式、结余资金使用、预算调剂等
3	单位科研资金管理的相关规定未及时调整、更新	国家相关政策文件有明确规定实施时间的，单位没有及时调整或更新。如：2021年5月，国办发〔2021〕32号文发布，单位没有根据新的32号文及时修改相关科研经费政策和关于预算调整等内容
4	单位科研资金管理相关制度未细化、可操作性不强	单位科研资金管理制度未结合单位实际情况，直接照搬国家规定或只作原则性规定，“上下一般粗”，实际工作中难以操作
5	科研资金支出的审批流程、权限等规定不清晰、不合理	单位制定的制度中对于科研资金支出的审批流程、权限等的规定不符合财务内控的一般要求

2. 科研经费核算管理情况，见表5-2。

表5-2　　科研经费核算管理问题与表现情况表

序号	问题描述	主要表现
1	科研项目资金未纳入单位财务统一管理	承担单位应当将项目资金纳入单位财务统一管理，对中央财政资金和其他来源的资金分别单独核算，确保专款专用。但被审计单位科研资金未在单位财务系统核算，账外设账
2	专项经费、自筹经费（含外方投入资金）均未单独核算	项目（课题）经费未按规定单独核算，通过其他方式对项目进行归集，以台账登记、电子表格登记、课题经费本登记、记账凭证标识等方式进行核算
3	仅专项经费未单独核算	仅专项经费未单独核算，自筹经费做到了单独核算
4	仅自筹经费未单独核算	仅自筹经费未单独核算，专项经费做到了单独核算
5	专项经费与自筹经费混同核算，未分别单独核算	课题经费实行了单独核算，但专项经费和自筹经费未分别单独核算

3. 支付结算方式管理方面，见表 5 – 3。

表 5 – 3　　　　支付结算问题与表现情况表

序号	问题描述	主要表现
1	违反货币资金管理相关规定，大额支出以现金方式结算	课题承担单位应当严格执行国家有关支出管理制度。对应当实行“公务卡”结算的支出，未按照中央财政科研项目使用公务卡结算的有关规定执行。对于设备费、大宗材料费和测试化验加工费、劳务费、专家咨询费等，未通过银行转账方式结算
2	实行公务卡结算的单位，未按规定执行	科研院所、高等学校等事业单位承担中央财政科研项目未按照财库〔2015〕245 号文的规定使用公务卡结算
3	串户使用零余额账户结算	以零余额账户资金代替应由单位基本户支出的科研资金。常见于事业单位为了提高零余额执行率采取的违规行为

4. 实物资产采购及管理方面，见表 5 – 4。

表 5 – 4　　　　实物资产采购及管理问题与表现情况表

序号	问题描述	主要表现
1	资产管理与采购管理薄弱	单位在资产和采购管理方面存在较大风险隐患，如：没有相互制约的相关制度，一个人说了算或者采购申请、批准、资产验收、领用等环节没有相关制度约束
2	采购管理制度不健全	关键要素或内容缺失，直接影响该制度执行效果。如制度中未明确业务审批流程、采购管理机制、职责分工等，未做到全程公开、透明、可追溯
3	固定资产管理不规范，未纳入单位固定资产管理，账实不符	在财务核算上未登记固定资产明细账，在资产管理上未建固定资产登记卡和实物台账，财务资料无法真实完整地反映固定资产增减、使用、管理等变化情况。每年末没有及时进行实物资产盘点，账实不符
4	资产管理不规范，存在资产流失、闲置、浪费等现象	没有根据单位实际制定操作性强的固定资产购置、验收、保管、使用、清查等相关制度规范，现场检查发现存在资产流失、闲置、浪费等现象

续表

序号	问题描述	主要表现
5	实行政府采购的单位，未按规定执行政府采购程序	政府采购是指各级国家机关、事业单位、团体组织使用财政性资金采购依法规定的集中采购目录以内的或者采购限额标准以上的货物、工程和服务的行为。实行政府采购的单位，未按规定执行政府采购程序
6	资产使用效率不高，没有开放共享	单位对购置的固定资产状况并不十分清楚，一般掌握在课题组内使用，没有做到开放共享，大型资产使用效率不高

5. 合同管理方面，见表5-5。

表5-5　　　　合同管理问题与表现情况表

序号	问题描述	主要表现
1	设备、材料、测试化验加工等大额支出的合同管理制度不健全	合同管理制度关键要素或内容缺失，直接影响该制度的执行效果。如未合理设置岗位，明确合同的授权审批和签署权限，妥善保管和使用合同专用章，存在未经授权擅自以单位名义对外签订合同现象。未对合同实施归口管理，未建立财务部门与合同归口管理部门的沟通协调机制，未实现合同管理与预算管理、收支管理相结合等
2	合同内部审查不严格，管理不规范	未建立合同履行监督审查制度或建立了相关制度但实际执行不严格，所签署的合同内容明显不合常理或存在较大执行风险
3	合同档案管理混乱，资料不完整	合同归口管理部门不重视对合同登记的管理，未定期对合同进行统计、分类和归档，详细登记合同的订立、履行和变更情况，未实行对合同的全过程管理
4	大额相关采购业务没有签署合同	设备、材料、测试化验加工、出版文献等大额支出应签署合同而未签署，仅有发票和付款，验收环节无有效依据

6. 间接费用及绩效支出管理方面，见表5-6。

表 5-6　　间接费用问题与表现情况表

序号	问题描述	主要表现
1	间接费用管理办法不健全	关键要素或内容缺失，直接影响该制度的执行效果。如没有明确间接费用分配原则和流程，绩效考核办法不完善，没有妥善处理合理分摊间接成本和对科研人员激励的关系
2	绩效支出管理办法不健全	关键要素或内容缺失，直接影响该制度的执行效果。如未建立绩效支出与科研人员在项目工作中的实际贡献挂钩的机制
3	间接费用管理办法未细化，可操作性不强	单位间接费用管理制度未结合单位实际情况，直接照搬国家规定或仅为原则性规定，实际工作中难以操作
4	绩效支出管理办法未细化，可操作性不强	单位绩效支出管理制度未结合单位实际情况，直接照搬国家规定或仅为原则性规定，实际工作中难以操作
5	间接费用管理办法与国家有关制度冲突	间接费用管理办法与国家有关制度矛盾或相抵触。如项目承担单位在核定的间接费用或管理费用以外再以其他名义在项目资金中重复提取、列支相关费用

7. 科研经费预算调整管理方面，见表 5-7。

表 5-7　　科研经费预算调整问题与表现情况表

序号	问题描述	主要表现
1	单位预算调整管理制度不健全	单位预算调整管理制度关键要素或内容缺失，直接影响该制度的执行效果。如单位内部预算管理制度中未限定预算科目、预算调整审批流程、时间要求等
2	单位预算调整管理制度没有及时根据国家最新政策修订，与国家政策不符	如最新出台的国办发〔2021〕32 号文，单位没有根据新的 32 号文及时修改相关科研经费政策中关于预算调整等内容，如：仍然规定设备费不可以调整，所有科目调整都需要单位科研处报批，没有给予课题负责人权限等
3	单位预算调整职责不清、细化不够、操作性不强	单位预算调整制度未结合单位实际情况，没有清晰界定课题组、财务部门、科研部门之间的职责边界，直接照搬国家规定或仅为原则性规定，实际工作中难以操作
4	单位预算调整不能有效执行	单位预算调整实际执行与制度规定不一致。如有的单位制度规定可以随时根据规定履行调整手续，但由于主持项目的负责人太多，现实中难以保证随时调整

8. 会计基础工作方面，见表5-8。

表5-8　　会计基础工作问题与表现情况表

序号	问题描述	主要表现
1	报销审批程序不规范、不清晰	报销制度层面审批流程存在明显错误或容易误解的地方
2	报销不及时，账务处理不及时	单位规定的报销时间跨度过长，会计事项的账务处理应当在当期内进行，不能延至下一会计期间或提前至上一会计期间
3	会计岗位和人员配置不合理	财务不相容岗位设置不符合分离要求，如会计和出纳、会计和审计、支票与印章等财务基本要求
4	会计档案管理不规范，会计资料不完整，会计凭证散乱	档案管理不规范。会计资料缺少关键要素，如原始票据、报销凭证（如会议签到表、劳务签领单等）；会计凭证未按要求定期进行装订，装订不及时、不规范
5	随意涂改账务资料、拆解会计凭证	账务资料存在随意涂改或拆解的现象
6	调账依据不充分，大额、频繁或突击调账，审批程序不完善	无充分理由将与科研不相关支出调账归到课题支出中。明显存在资金大额、异常频繁或临近结题前进行调账等异常行为。调账申请的审批程序不符合相关法规要求

（二）设备费管理与使用方面的问题

设备费管理与使用方面的问题见表5-9。

表5-9　　设备费问题与表现情况表

序号	问题描述	主要表现
1	以虚假采购、虚列支出等方式转移套取财政科研资金	以虚假合同或虚增合同价格等方式转移套取科研经费，现场查找不到采购的设备或采购的设备明显价实不符
2	资产管理不规范，设备不入账、账实不符	设备购入后在财务核算上未登记固定资产明细账、在资产管理上未建固定资产登记卡，财务资料无法真实完整地反映固定资产增减、使用、管理等变化情况

续表

序号	问题描述	主要表现
3	采购大额设备（50万元以上）未实行合同管理或未按相关管理程序执行	购置单台（套）50万元以上的设备未签订合同，未提供3家以上报价单，如果是独家代理或生产，未予以说明等
4	所采购设备与预算书不一致，设备费用、设备类型、数量、功能差异较大，与科研任务的相关性难以判断	现场发现采购的设备与预算书发生实质性的变化，且单位未提供充分理由说明该设备与任务的相关性
5	临近结题购置设备	明显存在临近结题（一般为3个月以内）购置设备突击花钱的行为
6	列支课题研究周期外设备费	存在研究周期以外购置设备的行为
7	大量列支一般性办公通用设备	明显存在采购大量打印、扫描、投影等办公通用设备的行为，且单位未提供充分理由说明与任务的相关性
8	以不合规票据列支经费	设备费支出凭证中有不合规发票或假发票
9	供应商资质不足	供应商营业执照列示的经营范围中不存在设备采购服务资质

（三）业务费管理与使用方面的问题

1. 业务费——材料费支出管理与使用情况，见表5－10。

表5－10　　　　材料费支出问题与表现情况表

序号	问题描述	主要表现
1	以虚假采购、虚列支出等方式转移套取财政科研资金	以虚假合同或虚增合同价格等方式转移套取科研经费
2	材料采购、领用等环节管理薄弱	单位材料管理没有对采购、领用、盘点等进行制度要求或有制度未实际执行
3	大宗材料用途、种类与预算书不一致，难以判断与科研任务的相关性	采购的材料与预算书发生实质性的变化，且单位未提供充分理由证明该材料与任务的相关性
4	临近结题大额采购材料	明显存在临近结题（一般为3个月以内）采购材料突击花钱的行为
5	列支周期外材料费	存在研究周期以外购置材料的行为

续表

序号	问题描述	主要表现
6	列支与课题不相关的生产经营性材料、基建材料及普通办公耗材等	列支材料中包含单位大量生产经营性材料、基建材料及普通办公耗材，且单位未提供充分理由说明与任务的相关性
7	以不合规票据列支经费	材料费支出凭证中有不合规发票或假发票

2. 业务费——测试化验加工支出管理与使用情况，见表5－11。

表5－11　测试化验加工支出问题与表现情况表

序号	问题描述	主要表现
1	虚构测试化验加工等业务转移套取财政科研资金	以虚假合同或虚增合同价格等方式转移套取科研经费
2	以测试化验加工费名义将科研任务外包	以检验、测试、化验、加工的名义将任务书中明确应由本单位进行的科研任务外包给其他单位
3	内部转账结算管理不规范，存在转移套取资金风险	单位内部提供测试化验加工服务的部门不是独立的经济核算单位，结账程序不规范，存在套取科研资金的风险
4	未提供测试化验加工可供检查的结果，业务相关性、真实性难以判断	未提供测试化验加工结果或报告，未说明承接测试化验加工业务的外单位（包括承担单位内部独立经济核算单位）所具备的资质或相应能力
5	以不合规票据列支经费	测试化验加工支出凭证中有不合规发票或假发票
6	大额测试化验加工合同管理不规范，审批不严格	业务执行缺少合同审批流程（缺少业务部门、专业技术部门对合同的审查）

3. 业务费——燃料动力费支出管理与使用情况，见表5－12。

表5－12　燃料动力费问题与表现情况表

序号	问题描述	主要表现
1	重复列支属于间接费用开支范围的费用	燃料动力费中列支间接费用中的日常水、电、气、暖消耗
2	超范围列支应由个人负担、与研究任务不相关的加油费、过路过桥费等	列支应由个人负担的加油费、过路过桥费，与研究任务不相关

续表

序号	问题描述	主要表现
3	列支研究周期外的燃料动力费	存在研究周期以外列支燃料动力费的行为
4	分摊、计提燃料动力费依据不充分，方法不合理	未说明相关大型仪器设备、专用科学装置等在本项目研究任务中的必要性，并按照预计运行时间和所消耗的水、电、气、燃料等即期价格测算，并提供测算过程中各参数数据来源和测算方法

4. 业务费——差旅费支出管理与使用情况，见表5－13。

表5－13　　差旅费支出问题与表现情况表

序号	问题描述	主要表现
1	以虚假业务、虚列支出等方式转移套取财政科研资金	以虚假业务或虚列支出等方式转移套取科研经费。如以虚假会议邀请转移套取科研经费
2	差旅费报销不及时	未按照国家相关规定或者未在单位内部制度规定的时间范围内报销差旅费用，且没有相关说明
3	差旅费报销手续不规范	单位内部未制定适合本单位的差旅费报销管理办法；差旅费报销应包含的材料未准备齐全，如出差申请、会议邀请函、往返交通路费凭证、住宿费发票等

5. 业务费——会议费支出管理与使用情况，见表5－14。

表5－14　　会议费支出问题与表现情况表

序号	问题描述	主要表现
1	列支课题研究周期外会议费	存在研究周期以外举办科研会议的行为
2	超范围列支招待费、礼品费、旅游费等	列支应由个人负担的旅游费、礼品招待费、景点门票费等
3	以不合规票据列支经费	实际发生会议业务，但发票虚假或票据不合规
4	会议费管理内控制度不健全，审批报销程序不规范	单位内部未制定适合本单位的会议费管理制度，列支的会议费中缺少会议审批手续、参会人员签到表、会议纪要、会议通知等凭据

6. 业务费——国际合作与交流费支出管理与使用情况，见表5－15。

表5－15　国际合作与交流费支出问题与表现情况表

序号	问题描述	主要表现
1	以虚假业务、虚列支出等方式转移套取财政科研资金	未实际发生，以虚假合同或虚增合同价格等方式转移套取科研经费，如虚编出国业务或虚增出国费用等
2	违反相关出国、境管理规定，列支国际合作与交流费	违反《因公临时出国经费管理办法》中的相关规定
3	列支与研究任务不相关人员的出国费用	未提供充分理由说明出国人员与任务的相关性
4	列支与研究任务不相关业务的出国费用	未提供充分理由说明出国业务与任务的相关性
5	超范围列支招待费、礼品费、旅游费等	列支应由个人承担的招待费、礼品费、旅游费等
6	列支课题研究周期外费用	存在研究周期以外发生的国际合作交流费等行为

7. 业务费——出版/文献/信息传播/知识产权事务费支出管理与使用情况，见表5－16。

表5－16　出版/文献/信息传播/知识产权事务费支出问题与表现情况表

序号	问题描述	主要表现
1	以虚假业务、虚列支出等方式转移套取财政科研资金	未实际发生，以虚假合同或虚增合同价格等方式转移套取科研经费
2	大额支出合同管理不规范	合同归口管理部门不重视对合同登记的管理，未定期对合同进行统计、分类和归档，详细登记合同的订立、履行和变更情况，实行对合同的全过程管理
3	超范围列支与研究任务不相关的通讯费、日常办公网络费	列支个人的通讯费以及应由间接费开支的日常办公网络费
4	超范围列支与研究任务不相关的办公软件、操作系统费	列支本应是单位基本支撑条件或者应该由间接费开支的常规办公软件、操作系统等费用，又没有充分的理由
5	超范围列支与研究任务不相关的印刷费用、资料采购费	列支不属于本课题负担的印刷费用、资料采购等费用

续表

序号	问题描述	主要表现
6	超范围列支与研究任务不相关的广告、展览、成果推广费	未提供充分理由说明广告、展览、成果推广费用与任务的相关性，也非研究任务所需
7	超范围列支与研究任务不相关的论文发表、专利维护费等	列支不应该由本课题开支的论文发表和不是本课题的专利维护等费用
8	列支课题研究超周期外的出版/文献/信息传播/知识产权事务费	列支任务书中写明的研究周期以外出版/文献/信息传播/知识产权事务费
9	以不合规票据列支经费	实际发生业务，但以虚假发票或不合规发票报销

（四）劳务费管理与使用方面的问题

1. 劳务费——劳务性支出管理与使用情况，见表5－17。

表5－17　劳务性支出问题与表现情况表

序号	问题描述	主要表现
1	编造虚假合同、虚构人员名单、虚报冒领劳务费	未实际发生，以虚构合同、虚构名单、虚报冒领等方式转移套取科研经费
2	单位内部劳务费审批不严格，劳务费发放事由、人员信息、签领手续不完整，业务真实性难以认定	法人单位未制定相应的制度和审批流程，未对课题组提出的用人需求与科研任务的相关性、必要性、费用标准等进行审核；劳务费发放事由、人员信息、签领手续不完整，未签订劳务合同
3	劳务费发放人员不符合要求	给正式在编有工资性收入的人员发放劳务费；给本项目其他课题组人员相互交叉发放劳务费
4	用大额现金支付劳务费，资金使用存在风险	劳务费支付未按规定使用银行卡转账，发生大额现金支付，存在套取资金风险
5	预提劳务费，虚列支出	劳务未发生，虚拟劳务名单，提前发放劳务
6	采取分摊方式虚列支出	劳务未发生，未按时长和人员据实发放劳务费
7	劳务费集中转入个人账户，脱离监管，存在套取财政资金风险	劳务费集中转入个人账户，存在套取财政资金装入个人腰包的风险
8	超范围列支研究生培养费、答辩费和博士后进站费	将劳务费用于研究生培养、论文答辩和博士后进站等方面
9	劳务费发放严重超出公允标准	未按照当地科学研究和技术服务从业人员平均工资水平，以及其在研究任务中承担的工作任务确定

2. 劳务费——咨询专家支出管理与使用情况，见表5－18。

表5－18 咨询专家支出问题与表现情况表

序号	问题描述	主要表现
1	虚构人员名单、虚报冒领专家咨询费	未实际发生，以虚构名单、虚报冒领等方式转移套取科研经费
2	专家咨询费发放内部控制薄弱，审批不严格，发放不规范	单位内部专家咨询费审批不严格，专家咨询费发放事由、人员信息、签领手续不完整
3	用大额现金支付专家咨询费，资金使用存在风险	专家咨询费支付未按规定采用银行转账方式支付，发生大额现金支付，存在套取资金风险
4	预提专家咨询费	咨询业务还未发生，提前发放专家咨询费
5	专家咨询费集中转入个人账户，脱离监管，存在套取财政资金风险	单位内部专家咨询费审批不严格，专家咨询费集中转入个人账户，存在套取科研经费风险
6	专家咨询费支付依据不充分	单位内部专家咨询费审批不严格，专家咨询费发放事由、人员信息、签领手续不完整
7	超范围列支研究生答辩评审费用	将专家咨询费用于研究生答辩评审等方面
8	专家咨询费超标准	超出国家关于专家咨询费的发放标准

（五）间接费用管理与使用方面的问题

间接费用管理与使用方面的问题见表5－19。

表5－19 间接费用管理问题与表现情况表

序号	问题描述	主要表现
1	重复列支间接费用	直接费用中支付了应由间接费用支付的内容（注：承担单位不得在核定的间接费用以外，再以任何名义在项目资金中重复提取、列支相关费用）
2	超预算列支间接费用	课题间接费用超预算列支
3	不按规定管理和发放绩效支出	承担单位应当建立健全间接费用的内部管理办法，公开透明、合规合理使用间接费用，处理好分摊间接成本和对科研人员激励的关系。绩效支出安排应当与科研人员在项目工作中的实际贡献挂钩。承担单位未按上述规定执行
4	违反规定列支间接费用	间接费用中列支直接费用内容

（六）其他来源经费管理与使用方面的问题

其他来源经费管理与使用方面的问题见表5-20。

表5-20 其他来源经费管理问题与表现情况表

序号	问题描述	主要表现
1	虚假承诺、自筹经费落实不到位	主观故意虚假承诺其他来源资金，实际未到位
2	自筹经费来源与预算书不一致且未履行报备程序	对于项目其他来源资金总额不变、不同单位之间调剂的，由项目牵头单位自行审批实施，报专业机构备案。但课题单位未履行上述手续
3	自筹经费未足额到位	自筹经费没有按照预算足额到位和使用
4	以其他专项财政资金抵顶自筹经费	未充分考虑各渠道的情况，违反规定使用其他中央财政资金作为资金来源
5	以实物资产抵顶自筹经费	以实物资产抵顶自筹经费，未充分考虑各渠道的情况，违反规定使用货币资金之外的资产作为资金来源

（七）经费拨付方面的问题

经费拨付方面的问题见表5-21。

表5-21 经费拨付问题与表现情况表

序号	问题描述	主要表现
1	以虚假业务、虚列支出等方式转移套取财政科研资金	对外转拨经费时存在未实际执行任务以虚假合同或虚增合同价格等方式转移套取科研经费
2	违规转拨经费，将科研任务外包	未按预算安排对外拨付经费，存在将本该由单位自身执行的科研任务，通过转拨经费的形式转交其他单位执行的问题
3	违规层层转拨经费	按照规定，项目牵头单位应当根据课题研究进度和资金使用情况，及时向课题承担单位拨付资金。课题承担单位应当按照研究进度，及时向课题参与单位拨付资金。课题参与单位不得再向外转拨经费。但课题单位违反了上述规定

续表

序号	问题描述	主要表现
4	违规自行增加或减少合作单位专项经费	按照规定，项目预算总额调剂，项目预算总额不变、课题间预算调剂，变更课题承担单位、课题参与单位，由项目牵头单位或课题承担单位逐级向专业机构提出申请，专业机构审核评估后，按有关规定批准。但课题单位违反了上述规定
5	课题参与单位之间预算调剂未报项目牵头单位	按照规定，课题预算总额不变，课题参与单位之间预算调剂由项目牵头单位审批报专业机构备案。但课题单位违反了上述规定

（八）重大事项报告方面的问题

重大事项报告方面的问题见表5－22。

表5－22　重大事项报告问题与表现情况表

序号	问题描述	主要表现
1	科研计划任务调整未履行报批手续	项目实施周期、项目主要研究目标和考核指标等重大调整事项，需项目管理专业机构研究，报科技部审核；课题实施周期、课题主要研究目标和考核指标等重要调整事项，需项目管理专业机构审核，报科技部备案。但项目（课题）单位违反了上述规定
2	负责人变更或调动单位未履行报批手续	负责人变更或调动单位未履行报批手续。按照规定，项目（含课题）负责人变更需项目管理专业机构研究，报科技部审核
3	承担单位、合作单位变更未履行报批手续	按照规定，项目预算总额调剂，项目预算总额不变、课题间预算调剂，变更课题承担单位、课题参与单位，由项目牵头单位或课题承担单位逐级向专业机构提出申请，专业机构审核评估后，按有关规定批准。但承担单位、合作单位变更未履行上述报批手续

（九）审计（检查）需要整改方面的问题

审计（检查）需要整改方面的问题见表5-23。

表5-23 审计（检查）整改问题与表现情况表

序号	问题描述	主要表现
1	拒不整改	单位拒绝对检查主体提出的问题和要求进行整改
2	虚假整改	单位存在虚假整改而实际未整改行为
3	整改不到位	单位未对检查主体提出的问题和要求进行整改或没达到整改要求

三、整理、复核审计工作底稿

（一）审计底稿的作用

审计工作底稿是注册会计师对制定的审计计划、实施的审计程序、获取的相关审计证据以及得出的审计结论做出的记录。审计工作底稿能够为注册会计师得出实现总体目标结论的基础提供证据，能够证明注册会计师按照审计准则和相关法律法规的规定计划和执行了审计工作。审计工作底稿还有助于项目组计划和执行审计工作；有助于负责督导的项目组成员按照《中国注册会计师审计准则第1121号——对财务报表审计实施的质量管理》的规定，履行指导、监督与复核审计工作的责任；便于项目组说明其执行审计工作的情况；保留对未来审计工作持续产生重大影响的事项的记录；便于会计师事务所实施项目质量复核、其他类型的项目复核以及质量管理体系中的监控活动；便于监管机构和注册会计师协会根据相关法律法规或其他相关要求，对会计师事务所实施执业质量检查。

（二）审计底稿的编制

注册会计师应当按照《中国注册会计师审计准则第1131号——审计工作底稿》的要求及时编制审计工作底稿。记录实施的审计程序和获取的审计证据。注册会计师编制的审计工作底稿，应当使未曾接触该项审计工作的有经验的专业人士清楚了解：按照审计准则和相关法律法规的规定实施的审计程序的性质、时间安排和范围；实施审计程序的结果和获取的审计证据；审计中遇到的重大事项和得出的结论，以及在得出结论时作出的重大职业判断。

《中央财政科技计划项目（课题）结题审计指引》要求，除用于佐证审计报告反映的问题外，注册会计师通常无需复印被审计单位的记账凭证等资料，但应在工作底稿中记录所核查具体项目或事项的识别特征。在记录已实施审计程序的性质、时间安排和范围时，注册会计师应当记录：测试的具体项目或事项的识别特征；审计工作的执行人员及完成审计工作的日期；审计工作的复核人员及复核的日期和范围等。

在审计实践中，完成审计工作的底稿编制主要包括：

（1）审计工作完成情况核对表，详见示例 5 - 1《审计工作完成情况核对表》。

【示例 5 - 1】审计工作完成情况核对表见表 5 - 24。

表 5 - 24　　审计工作完成情况核对表

<table>
<tr><td>被审计单位：</td><td rowspan="2">编制人：</td><td rowspan="2">编制日期：</td><td rowspan="2">索引号：</td></tr>
<tr><td>项目（课题）名称：</td></tr>
<tr><td>项目（课题）编号：</td><td rowspan="2">复核人：</td><td rowspan="2">复核日期：</td><td rowspan="2">页次：</td></tr>
<tr><td>项目（课题）执行期间：</td></tr>
<tr><td>审计工作</td><td>是/否/不适用</td><td>核对情况</td><td>备注</td></tr>
<tr><td>1. 是否执行业务承接或保持的相关程序？</td><td></td><td></td><td></td></tr>
<tr><td>2. 是否签订审计业务约定书？</td><td></td><td></td><td></td></tr>
<tr><td>3. 是否制订总体审计策略和具体审计计划？</td><td></td><td></td><td></td></tr>
<tr><td>4. 是否与治理层就计划的审计范围和时间安排的总体情况进行了沟通？</td><td></td><td></td><td></td></tr>
<tr><td>5. 计划的审计程序是否得到执行？</td><td></td><td></td><td></td></tr>
<tr><td>6. 审计范围是否受到限制？</td><td></td><td></td><td></td></tr>
<tr><td>7. 是否已对被审计单位的内部控制情况进行审核？</td><td></td><td></td><td></td></tr>
<tr><td>8. 是否已对被审计单位账目进行审核？</td><td></td><td></td><td></td></tr>
</table>

续表

审计工作	是/否/不适用	核对情况	备注
9. 所有重要实物资产是否均已实施监盘?			
10. 被审计单位是否已按照审计需要提供完整的审计资料?			
11. 是否已取得经签署的承诺函?			
12. 审计中发现的重大问题是否已取得充分的审计证据?			
13. 被审计单位提供审计的相关资料是否已盖章确认?			
14. 是否将累积的所有问题与被审计单位及时进行沟通?			
15. 是否已取得被审计单位征询意见函?			
16. 是否已取得服务质量反馈卡?			
17. 是否完成审计总结?			
18. 项目经理是否已复核工作底稿?			

(2) 承诺函，详见示例 5-2《承诺函》。

【示例 5-2】 承诺函如下。

承 诺 函

【会计师事务所名称】:

贵事务所对本单位承担的项目(课题)【名称: 编号: 】[以下简称本项目(课题)]截至结题审计基准日【 年 月 日】的科研项目(课题)资金投入、使用和管理情况进行审计。为配合贵事务所的审计工作，本单位就已知的全部事项做出如下声明和承诺:

1. 本单位作为科研课题实施和资金管理使用的责任主体，负责项目(课题)资金的日常管理和监督工作，保证资金投入、使用、管理符合《国务院办公厅关于改革完善中央财政科研经费管理的若干意见》(国办发〔2021〕32号)及党中央、国务院制定的最新科研项目资金管理政策、有关部门制定的相关科研管理制度等文件的规定以及经批准的本项目任务书和预算书的规定。

2. 本单位严格执行国家有关财经法规和财务制度，切实履行法人责任，建立健全了项目资金内部管理制度和报销规定，并配备了固定的科研财务助理。

3. 本单位按照政策相符性、目标相关性和经济合理性原则，科学、合理、真实地编制预算，严格项目资金预算管理；按照承诺保证其他来源的资金及时足额到位。

4. 本单位将科研项目资金纳入单位财务统一管理，对中央财政资金和其他来源的资金分别单独核算，确保专款专用；按照适用的会计准则和财务制度，设置会计科目进行核算和财务管理。

5. 本单位严格执行国家科研项目资金有关支出管理制度；严格按照资金开支范围和标准办理支出。

6. 本单位承诺对所提供的与科研课题结题审计相关的资料负责，并保证资料真实、合法、完整。

单位（盖公章）

项目（课题）负责人：（签名）

财务负责人：（签名）

年　月　日

（3）被审计单位征询意见函，详见示例5－3《被审计单位征询意见函》。

【示例5－3】被审计单位征询意见函见表5－25。

表5－25　　被审计单位征询意见函

索引号：

被审计单位	
项目（课题）名称	
项目（课题）编号	
项目（课题）执行期间	
项目（课题）负责人	
征询意见内容	
课题承担单位意见	单位签章： 项目（课题）负责人： 年　月　日

（三）审计底稿的复核

会计师事务所应当按照《会计师事务所质量管理准则第5101号——业务质量管理》和《会计师事务所质量管理准则第5102号——项目质量复核》的要求，委派符合相关资质要求的项目质量复核人员，对审计项目组做出的重大判断和据此得出的结论做出客观评价。

项目质量复核人员应在项目的各个阶段（如计划阶段、执行阶段和报告阶段）及时复核业务工作底稿，可以使相关问题能够在报告日或报告日之前得到迅速、满意的解决。例如，项目质量复核人员可以在计划阶段完成时，针对项目的总体策略和具体计划实施复核程序。及时实施项目质量复核也可以强化项目组在计划和执行项目的过程中对职业判断和职业怀疑的运用。

在实施项目质量复核时，项目质量复核人员可能会注意到一些原本预期项目组会做出重大判断，而项目组未做出重大判断的其他领域，项目质量复核人员可能需要针对项目组实施的程序和得出的结论获取进一步信息。在这种情况下，项目组在与项目质量复核人员进行讨论后，可能认为需要实施额外的程序。

根据《会计师事务所质量管理准则第5102号——项目质量复核》应用指南的规定，项目质量复核的实施和已完成的通知可以采用多种方式在工作底稿中记录。例如，项目质量复核人员可以在业务执行所使用的信息技术应用程序中以电子形式记录对业务工作底稿的复核，也可以采用备忘录的形式记录复核情况。项目质量复核人员实施的复核程序也可以采用其他方式进行记录。例如，在项目质量复核人员出席的项目组讨论会纪要中进行记录等。

在审计实践中，业务质量复核的底稿编制详见示例5－4《审计业务复核核对表》。

【示例5－4】审计业务复核核对表见表5－26。

表 5－26　　审计业务复核核对表

被审计单位：

财务报表截止日/期间：________

一、项目组长复核

复核事项	是/否/不适用	备注
1. 是否对项目组成员编制的审计工作底稿进行了逐页的详细复核？ 2. 实施上述复核后，是否可以确定下列事项： （1）具体审计计划已经实施，已完成的工作底稿与具体审计计划已交叉索引？ （2）工作底稿在形式上做到要素齐全、格式规范、标识一致、记录清晰；在内容上做到资料翔实、重点突出、繁简得当、结论明确？ （3）每一支出项目和特殊交易或事项的审计结论均有相关审计证据的支持，所有重要或异常的数据已有适当的解释及相关证据？ （4）所有审计程序的改变和其他值得项目负责人关注的重大事项都已在重大事项请示报告中列示？ （5）已审报告附表已正确、完整地编制，且每一项数据对应数据与相关工作底稿一致？ （6）重大事项概要和审计总结已按规定编制？		

签字：____________　　日期：____________

二、项目复核经理复核

复核事项	是/否/不适用	备注
1. 是否已复核已完成的审计计划，以及导致对审计计划做出重大修改的事项？ 2. 是否已复核重要的支出项目？ 3. 是否已复核特殊交易或事项？ 4. 是否已复核单独核算事项？ 5. 是否已复核重大事项？ 6. 是否已复核建议调整、整改事项？ 7. 是否已复核管理层声明书、与客户的沟通记录及重要会谈记录？ 8. 是否已复核审计总结？ 9. 是否已复核已审计报告附表和拟出具的审计报告草稿？ 10. 是否可以确信直到审计报告日止，本所及项目组在执行审计工作中保持了独立性？是否采取适当的预防措施以消除任何对独立性的威胁或将其减低至可接受的水平，并将有关措施记录下来？		

续表

复核事项	是/否/不适用	备注
11. 实施上述复核后，是否可以确定下列事项： （1）对项目复核经理实施的一级复核结果满意？ （2）审计工作底稿提供了充分、适当的记录，可以作为审计报告的基础？ （3）项目组已按照中国注册会计师审计准则和《中央财政科技计划项目（课题）结题审计指引》的规定执行了审计工作？ （4）对重大错报风险的评估及采取的应对措施是恰当的，针对存在特别风险的审计领域，设计并实施了针对性的审计程序，且得出了恰当的审计结论？ （5）项目组做出的重大判断恰当合理？ （6）项目组提出的建议调整事项恰当，相关调整分录正确？ （7）拟出具的审计报告措辞恰当，已按照中国注册会计师审计准则和《中央财政科技计划项目（课题）结题审计指引》的规定发表了恰当的审计意见？		

签字：__________________　　日期：__________________

三、项目合伙人复核

复核事项	是/否/不适用	备注
1. 是否已复核已完成的审计计划，以及导致对审计计划做出重大修改的事项？ 2. 是否已复核重大事项？ 3. 是否已复核存在特别风险的审计领域以及项目组采取的应对措施？ 4. 是否已复核项目组做出的重大判断？ 5. 是否已复核建议调整、整改事项？ 6. 是否已复核管理层声明书、与客户的沟通记录及重要会谈记录？ 7. 是否已复核审计总结？ 8. 是否已复核已审计报告附表和拟出具的审计报告？ 9. 是否可以确信直到审计报告日止，事务所及项目组在执行审计工作中保持了独立性？是否采取适当的预防措施以消除任何对独立性的威胁或将其减低至可接受的水平，并将有关措施记录下来？ 10. 实施上述复核后，是否可以确定下列事项： （1）对项目经理实施的二级复核结果满意？ （2）对重大错报风险的评估及采取的应对措施是恰当的，针对存在特别风险的审计领域，设计并实施了针对性的审计程序，且得出了恰当的审计结论？		

续表

复核事项	是/否/不适用	备注
(3) 项目组做出的重大判断恰当合理？ (4) 提出的建议调整事项恰当合理？ (5) 拟出具的审计报告措辞恰当，已按照中国注册会计师审计准则和《中央财政科技计划项目（课题）结题审计指引》的规定发表了恰当的审计意见？		

签字：______________ 日期：______________

四、项目质量控制经理复核

复核事项	是/否/不适用	备注
1. 项目组内部的复核程序是否均已得到满意的执行？ 2. 是否已复核项目组针对本业务对本所独立性做出的评价，并认为该评价是恰当的？ 3. 是否已复核项目组在审计过程中识别的特别风险以及采取的应对措施，包括项目组对舞弊风险的评估及采取的应对措施，认为项目组做出的判断和应对措施是恰当的？ 4. 是否已复核项目组做出的判断，包括关于重要性和特别风险的判断，认为这些判断恰当合理？ 5. 是否确定项目组已就存在的意见分歧、其他疑难问题或争议事项进行适当咨询，且咨询得出的结论是恰当的？ 6. 是否已复核项目组与管理层和治理层沟通的记录以及拟与其沟通的事项，对沟通情况表示满意？ 7. 是否选取与项目组做出重大判断及形成结论有关的工作底稿进行复核，认为所复核的审计工作底稿反映了项目组针对重大判断执行的工作，能够支持得出的结论？ 8. 是否已复核拟出具的审计报告和报告附表，认为拟出具的审计报告措辞恰当，已按照中国注册会计师审计准则和《中央财政科技计划项目（课题）结题审计指引》的规定发表了恰当的审计意见？		

签字：______________ 日期：______________

四、编制审计报告

《中国注册会计师鉴证业务基本准则》要求，注册会计师应当针对鉴证对象信息（或鉴证对象）在所有重大方面是否符合适当的标准，以书面报告的形式发表能够提供一定保证程度的结论。对于科研项目（课题）结题审计，注册会计师应当出具含有鉴证结论的书面报告，该鉴证结论应当说明注册会计师就鉴证对象信息获取的保证。科研项目（课题）结题审计关于对资金投入、使用和管理情况的鉴证结论应为合理保证，是将鉴证业务风险降至具体业务环境下可接受的低水平，以此作为以积极方式提出结论的基础，并对鉴证后的信息提供高水平的保证，要求注册会计师以积极方式提出审计结论。

（一）结题审计报告涉及的主要内容

注册会计师根据审计准则和《中央财政科技计划项目（课题）结题审计指引》的规定，在实施审计工作的基础上，对被审计单位科研项目（课题）资金投入、使用和管理情况发表审计意见，出具审计报告。审计报告应当涉及以下方面：

1. 被审计单位是否按照经批准的任务书执行预算，预算调剂是否符合科研项目（课题）资金管理相关法律法规的要求，预算或其他来源的资金是否及时足额到位。

2. 被审计单位是否建立健全项目（课题）资金内部管理制度，主要包括：预算管理、资金管理、经费支出授权批准、财务报销管理、会计核算、资产管理、采购管理、合同管理、外拨经费管理、设备费管理、业务费管理、劳务费管理、绩效支出管理、结余资金管理等相关制度；科研财务助理制度落实情况，包括被审计单位是否为每个项目（课题）配有相对固定的科研财务助理，是否为科研人员在预算编制、经费报销等方面提供专业化服务；与科研资金管理相关的内部管理制度及实施是否符合党中央、国务院制定的最新科研项目资金管理政策及有关部门制定的相关科研管理制度文件的规定。

3. 被审计单位是否按照适用的会计准则（或会计制度）对科研项目（课题）资金进行核算和管理，将科研项目（课题）资金纳入单位财务统一管理，对中央财政资金和其他来源的资金在财务系统中分别单独核算，保证专款专用。

4. 被审计单位是否严格按照资金开支范围和标准办理和列支项目资金支出，不存在重大违规支出事项。

（二）结题审计报告的主要要素

结题审计报告应当包括下列要素：标题；收件人；引言段；项目（课题）基本情况段；项目（课题）资金管理和使用情况段；项目（课题）资金管理和使用中的主要问题及建议段；审计意见（综合评价）段；被审计单位和注册会计师责任段；报告使用限制段；附表；注册会计师的签名和盖章；会计师事务所的名称、地址及盖章；报告日期；与审计报告一并附送的材料清单。

1. 标题。结题审计报告的标题统一规范为“中央财政科技计划项目（课题）结题审计报告”。

2. 收件人。结题审计报告的收件人是指注册会计师按照审计业务约定书的要求致送审计报告的对象。收件人一般是被审计项目（课题）承担单位。如果属于第三方委托，收件人一般为委托方。审计报告需要载明收件人的全称。

3. 引言段。引言段需要说明：被审计单位及项目（课题）名称、结题审计基准日、审计工作起始日、审计工作截止日、审计方式、实施的主要审计程序。结题审计基准日是指经批准的项目（课题）执行截止日。审计工作起始日是指注册会计师进驻现场开始实施审计的日期。审计工作截止日是指审计报告日。审计方式是指采取现场审计或非现场审计。实施的主要审计程序包括查看财务系统、询问相关人员、抽查原始凭证、抽盘实物资产、检查与项目（课题）资金管理相关的法人主体责任落实情况、分析科研项目（课题）资金支出政策相符性、目标相关性和经济合理性等。

4. 项目（课题）基本情况段。项目（课题）基本情况段需要说明：被审计项目（课题）承担单位名称、参与单位数量、项目（课题）立项情况、与科研资金管理相关的法人主体责任落实情况。如存在承担单位、参与单位变更或项目（课题）负责人变更、项目（课题）延期等情况，需对申请变更及批复情况进行重点披露。

5. 项目（课题）资金管理和使用情况段。项目（课题）资金管理和使用情况段需要说明：预算安排及调剂情况、资金到位和拨付情况、项目（课题）资金财务核算和资金使用情况。

预算安排及调剂情况包括中央财政资金预算安排及调剂情况和其他来源资金预算安排及调剂情况。资金到位和拨付情况包括中央财政资金和其他来源资金到位情况、资金拨付情况。项目（课题）资金财务核算和资金使用情况包括项目（课题）资金财务核算情况、中央财政资金使用情况、其他来源资金使用情况、相关资产管理情况、财务档案保管情况。

如存在问题的，除需要在本段详细披露，还需要在“项目（课题）资金管理和使用中的主要问题及建议”段集中反映。

6. 项目（课题）资金管理和使用中的主要问题及建议段。项目（课题）资金管理和使用中的主要问题及建议段需要同时说明：相关部门针对项目（课题）进行检查时发现的问题以及注册会计师在结题审计过程中发现的问题，并说明上述问题是否已整改。对于结题审计过程中发现的问题，注册会计师需要与承担单位、参与单位进行充分的沟通，交换意见。

对于注册会计师在结题审计过程中发现的问题，如果截至审计报告日，被审计单位未进行整改，需在本段集中披露，逐项列示审计过程中发现的问题，引用有关制度规定，并提出审计建议。如存在相关部门在项目（课题）进行检查时发现，但承担单位、参与单位截至审计报告日未予整改的问题，需逐项列示相关部门针对项目（课题）进行检查时发现的问题，以及承担单位、参与单位未完成整改的原因。如无相关事项，则本段内容填写“承担单位及参与单位无未整改问题”。

针对已整改的问题，应归类披露注册会计师在结题审计过程中发现的问题、逐项披露相关部门针对项目（课题）进行检查时发现的问题，以及承担单位、参与单位截至审计报告日已完成的整改情况。如无相关事项，则本段内容填写“承担单位及参与单位无已整改问题”。

7. 审计意见段。审计意见段需要说明：被审计单位承担的××项目（课题）资金投入、使用和管理是否在所有重大方面符合科研项目（课题）资金管理相关法律法规以及该项目（课题）经批准的任务书的规定，是否不存在重大违规事项。

如果在“项目（课题）资金管理和使用中的主要问题及建议段”的“未整改问题及建议”中，注册会计师填写为“承担单位及参与单位无未整改问题”，则审计意见表述为：我们认为，ABC 项目（课题）承担单位承担的××项目（课题）资金投入、使用和管理在所有重大方面符合科研项目资金管理相关法律法规以及经批准的该项目（课题）任务书的规定，不存在重大违规事项。

如果根据“项目（课题）资金管理和使用中的主要问题及建议段”所述事项，注册会计师判断需要发表保留意见，则审计意见表述为：我们认为，除“项目（课题）资金管理和使用中的主要问题及建议段”中的“未整改问题及建议”××中所述事项的影响外，ABC 项目（课题）承担单位承担的××项目（课题）资金投入、使用和管理符合科研项目资金管理相关法律法规以及经批准的该项目（课题）任务书的规定，不存在其他重大违规事项。

如果注册会计师判断需要发表否定意见或无法表示意见，则按照《中国注册会计师审计准则第 1502 号——在审计报告中发表非无保留意见》的要求出具审计报告。

8. 被审计单位和注册会计师的责任段。被审计单位和注册会计师的责任段需要说明被审计单位的责任和注册会计师的责任。

被审计单位的责任包括被审计单位是科研项目（课题）实施和资金管

理使用的责任主体，负责项目（课题）资金的日常管理，保证资金投入、使用、管理符合科研项目资金管理相关法律法规以及经批准的该项目（课题）任务书的规定。对所提供的与科研项目（课题）结题审计相关的资料负责，并保证资料真实、合法、完整。

注册会计师的责任包括按照中国注册会计师审计准则和《中央财政科技计划项目（课题）结题审计指引》的要求，对中央财政科技计划项目（课题）结题执行审计工作，出具审计报告，报告项目（课题）承担单位按照科研项目资金管理相关法律法规以及该项目（课题）经批准的任务书的规定，对科研项目（课题）资金投入、使用和管理的具体情况，同时报告审计中发现的问题并提出相关建议；了解与科研项目（课题）资金投入、使用和管理相关的内部控制，以设计恰当的审计程序，但目的并非对内部控制的有效性发表意见；按照中国注册会计师职业道德守则，独立于被审计单位，并履行职业道德方面的其他责任。

9. 报告使用限制段。报告使用限制段需要说明：审计报告仅供科研资金管理使用；非法律、行政法规规定，审计报告的全部或部分内容不得提供给其他任何单位和个人，不得见诸公共媒体；审计报告正文部分及附表不可分割，应一同阅读和使用；对任何因审计报告使用不当产生的后果，与执行审计业务的注册会计师及其所在的会计师事务所无关。

10. 附表。主要包括：

（1）项目（课题）基本情况表。

（2）项目（课题）承担单位资金拨付情况审计表。

（3）项目（课题）资金支出情况审计汇总表。如果存在参与单位，需要根据参与单位数量自行增加项目（课题）承担（参与）单位资金支出情况审计表。

（4）项目（课题）购置/试制设备情况审计表。

（5）项目（课题）资金管理和使用中的主要问题汇总表。

11. 注册会计师的签名和盖章。审计报告需要由注册会计师签名和盖章。

12. 会计师事务所的名称、地址及盖章。审计报告需要载明会计师事务所的名称和地址，并加盖会计师事务所公章。

中国注册会计师执业准则要求，鉴证报告要由注册会计师签名、盖章，并载明会计师事务所的名称和地址，加盖会计师事务所公章。

13. 报告日期。审计报告需要注明报告日期。审计报告日不应早于注册会计师获取充分、适当的审计证据，并在此基础上对被审计单位科研项目资金投入、使用、管理形成审计意见的日期。

14. 附送资料。根据项目（课题）结题审计要求，附送的佐证资料为被审计单位的中央财政资金支出明细账电子版。会计师事务所从被审计单位获取中央财政资金支出明细账电子版，并按照规定上传报送，不需要将纸质明细账附在审计报告后。

结题审计报告模板详见示例 5 - 5《结题审计报告模板》。

【示例 5 -5】 结题审计报告模板如下。

报告封皮：

中央财政科技计划项目（课题）结题
审计报告

课题编号：

课题名称：

所属计划（专项）：

所属项目：

承担单位：

××会计师事务所

二〇××年×月×日

报告正文：

中央财政科技计划项目（课题）结题审计报告

审计报告文号

ABC项目（课题）承担单位（或其他委托人）：

我们接受委托，于20××年×月×日至20××年×月×日，对ABC项目（课题）承担单位（以下简称承担单位）承担的"××"项目的"××"课题［以下简称该项目（课题）］截至20××年×月×日（结题审计基准日）的科研项目（课题）资金投入、使用和管理情况进行了审计。

我们的审计是依据中国注册会计师审计准则（以下简称审计准则）和《中央财政科技计划项目（课题）结题审计指引》进行的，在审计过程中结合该项目（课题）实际情况，对该项目（课题）的承担单位及参与单位进行了审计。（如存在非现场审计，则增加描述对参与单位××、……进行了非现场审计。）我们实施了查看财务系统，询问相关人员，抽查原始凭证，抽盘实物资产，检查与项目（课题）资金管理相关的法人主体责任落实情况，分析科研项目资金支出政策相符性、目标相关性和经济合理性等审计程序。我们相信，我们获取的审计证据是充分、适当的，为发表审计意见提供了基础。

一、项目（课题）基本情况

（一）项目（课题）承担单位和参与单位

说明项目（课题）承担单位全称、参与单位的数量。如存在承担单位及参与单位在项目（课题）研究期间发生合并、分立和调整等机构变更的情况，需重点披露。

例如：ABC项目（课题）承担单位为××，参与单位××家。

项目（课题）研究期间，参与单位××发生合并，合并后单位名称变更为××。

（二）项目（课题）立项情况

简要说明项目（课题）基本情况，包括项目（课题）名称、项目

（课题）编号、项目（课题）起止时间、项目（课题）负责人及主要研究人员等。（如内容较多，为便于清晰表述，可以采用表格形式。）

例如：

项目（课题）名称：××；项目（课题）编号：××。

项目（课题）起止时间：20××年×月至20××年×月（按照任务书填写）。

项目（课题）负责人：××；项目（课题）主要研究人员：××、……。

如存在承担单位及参与单位变更或项目（课题）负责人变更、项目（课题）延期等情况，需对申请变更及批复情况进行重点披露。

例如：该项目（课题）在执行期间，因××原因，ABC项目（课题）承担单位变更为××，参与单位××变更为××，上述变更履行了必要的变更手续，于20××年×月×日报××审核批准。

（三）与科研资金管理相关的法人主体责任落实情况

说明承担单位及参与单位与科研资金管理相关的内部管理制度建设及执行情况和科研财务助理制度落实情况。每个项目承担单位及参与单位是否配有相对固定的科研财务助理，是否为科研人员在预算编制、经费报销等方面提供专业化服务，与科研资金管理相关的内部管理制度及实施是否符合《国务院办公厅关于改革完善中央财政科研经费管理的若干意见》（国办发〔2021〕32号）及党中央、国务院制定的最新科研项目资金管理政策、有关部门制定的相关科研管理制度等文件的规定。如存在问题的，应详细披露，并在“三、项目（课题）资金管理和使用中的主要问题及建议”段中集中反映。

例如：ABC项目（课题）承担单位及参与单位建立了与科研项目资金管理相关的××、××内部管理制度（可以列表方式描述），配有相对固定的科研财务助理，并为科研人员在预算编制、经费报销等方面提供专业化服务。已建立的相关制度在该项目（课题）资金实际管理和使用中得到执行。但审计发现××制度在执行过程中存在××问题。

二、项目（课题）资金管理和使用情况

（一）预算安排及调剂情况

1. 中央财政资金预算安排及调剂情况

（1）项目（课题）承担单位、参与单位中央财政资金预算安排情况。

（2）在项目（课题）执行期间内，如存在应上报专业机构批复及备案的事项，应对调剂内容、调剂原因及是否按规定获得批复进行逐笔详细披露；对于项目牵头承担单位、项目（课题）承担单位、项目（课题）负责人或参与单位研究负责人按照规定有权调剂的部分，不需要逐笔详细披露，但需要披露预算调剂是否已按照项目（课题）承担单位及参与单位内部流程审批。如存在问题的，应详细披露，并在“三、项目（课题）资金管理和使用中的主要问题及建议”段中集中反映。

例如：根据ABC项目（课题）承担单位签订的《××项目（课题）任务书》，该项目（课题）的中央财政资金预算为××元，由××（拨款部门）分×次下达，其中ABC项目（课题）承担单位××元，××参与单位××元。项目（课题）执行期间不存在承担单位、参与单位之间资金调剂或单位变更情况。

如存在预算调剂情况，例如：该项目（课题）在执行期间，项目（课题）组因××原因，对中央财政资金××内容进行了预算调剂，并履行了必要的调剂程序，由该项目（课题）负责人提出申请，于20××年×月×日报××专业机构审核批准，相关调剂符合《国家重点研发计划资金管理办法》（财教〔2021〕178号）的规定。

2. 其他来源资金预算安排及调剂情况

（1）项目（课题）承担单位及参与单位其他来源资金预算安排情况。

（2）如存在应上报专业机构批复及备案的事项，应对调剂内容、调剂原因及是否按规定获得批复进行逐笔详细披露；对于项目牵头承担单位、项目（课题）承担单位、项目（课题）负责人或参与单位研究负责人按照规定有权调剂的部分，不需要逐笔详细披露，但需要披露预算调剂是否已按照项目（课题）承担单位及参与单位内部流程审批。如存在问题的，应详细披露，并在“三、项目（课题）资金管理和使用中的主要问题及建议”段中集中反映。

（二）资金到位和拨付情况

1. 中央财政资金和其他来源资金到位情况

（1）中央财政资金到位情况

说明项目（课题）承担单位每次收到中央财政资金的具体时间及金额，中央财政资金是否足额到位等。如存在问题，应详细披露，并在“三、项目（课题）资金管理和使用中的主要问题及建议”段中集中反映。

例如：截至20××年×月×日，ABC项目（课题）承担单位已收到中央财政资金××元，中央财政资金足额到位，与预算批复一致。收到时间及到账金额见表××。

表×× 收到中央财政资金情况表 金额单位：元

收到时间	拨款单位	到账金额
年 月		
年 月		
……		
合计		

（2）其他来源资金到位情况

说明其他来源资金实际到位的具体时间（如适用）和金额、其他来源资金是否足额到位、到位率、资金来源方式，其他来源资金提供方的管理要求等。

2. 资金拨付情况

说明项目（课题）承担单位中央财政资金到位后，向参与单位拨付中央财政资金的具体时间、金额，是否按批准的预算足额拨付中央财政资金。如存在向预算外单位拨款、拨付滞后等事项，应详细披露，并在“三、项目（课题）资金管理和使用中的主要问题及建议”段中集中反映。

例如：截至20××年×月×日，ABC项目（课题）承担单位累计向预算内项目（课题）参与单位拨付中央财政资金××元，中央财政资金拨付对象及拨付金额与预算相符，具体拨付情况见表××。

表××　　拨付中央财政资金情况表　　金额单位：元

<table>
<tr><th>参与单位</th><th>拨付时间</th><th>是否预算内单位</th><th>拨付金额</th></tr>
<tr><td rowspan="3">参与单位1</td><td>年 月</td><td rowspan="3"></td><td></td></tr>
<tr><td>年 月</td><td></td></tr>
<tr><td>……</td><td></td></tr>
<tr><td colspan="3">小计</td><td></td></tr>
<tr><td rowspan="3">参与单位2</td><td>年 月</td><td rowspan="3"></td><td></td></tr>
<tr><td>年 月</td><td></td></tr>
<tr><td>……</td><td></td></tr>
<tr><td colspan="3">小计</td><td></td></tr>
<tr><td colspan="3">合计</td><td></td></tr>
</table>

（三）项目（课题）资金财务核算和资金使用情况

1. 项目（课题）资金财务核算情况

说明承担单位及参与单位对项目（课题）资金的财务核算情况，包括使用的财务系统、资金单独核算情况（中央财政资金和其他来源资金分别披露）、会计科目设置情况等。如存在问题，应详细披露，并在“三、项目（课题）资金管理和使用中的主要问题及建议”段中集中反映。

例如：ABC项目（课题）承担单位执行《××会计准则》及有关规定，使用××财务核算系统。与项目（课题）资金有关的会计核算全部纳入ABC项目（课题）承担单位财务统一管理。对项目（课题）中央财政资金在会计核算系统中通过××进行单独核算，涉及的会计核算科目有××等；对项目（课题）其他来源资金在会计核算系统中通过××进行单独核算，涉及的会计核算科目有××等。

2. 中央财政资金使用情况

（1）项目（课题）执行周期内中央财政资金账面累计支出使用情况。

（2）项目（课题）预算科目资金支出审计认定情况。

说明支出具体内容，并将审计认定数分别与预算批复数和单位账面支出数进行对比。审计认定数与单位账面支出数有差异的，需要披露原因。预算科目资金支出依据任务书中的预算，按设备费、业务费、劳务费大类控制。如存在问题，应详细披露，并在“三、项目（课题）资金管理和使用中的主要问题及建议”段中集中反映。

例如：截至20××年×月×日，项目（课题）执行周期内中央财政资金账面累计已支出××元。审计认定资金支出××元，其中：

①设备费：预算批复数××元，调剂后预算数××元，账面支出数××元，审计认定支出数××元。主要设备包括××设备等。审计认定数与单位账面支出数存在差异，差异内容为××。

②劳务费：预算批复数××元，调剂后预算数××元，账面支出数××元，审计认定支出数××元。审计认定数与单位账面支出数存在差异，差异内容为××。

③业务费：预算批复数××元，调剂后预算数××元，账面支出数××元，审计认定支出数××元。审计认定数与单位账面支出数存在差异，差异内容为××。

④间接费用：预算批复数××元，调剂后预算数××元，账面支出数××元，审计认定支出数××元，其中：绩效支出××元。审计认定数与单位账面支出数存在差异，差异内容为××。

（3）中央财政资金应付未付情况

对应付未付款项［指项目（课题）执行期内发生的与项目（课题）研发活动直接相关的费用尚未支付、需在结题审计基准日后支付的款项］金额、使用情况及使用计划进行详细披露，包括涉及单位、支出内容、是否签订合同、合同签订时间、截至审计报告日的支付情况等内容。

例如：截至20××年×月×日，该项目（课题）应付未付款项××元，具体情况见表××：

表×× 中央财政资金应付未付情况表 金额单位：元

单位名称	承担/参与	预算科目	应付未付认定数
单位1			
小计			
单位2			
小计			
合计			

单位1，在××预算科目的应付未付认定数××元，为20××年×月×日签订的应付××单位的××费用合同尾款，该款项已于20××年×月×日支付。

单位2，在××预算科目的应付未付认定数××元，为20××年×月×日签订的应付××单位的××费用合同尾款，截至审计报告日，由于××原因，该应付未付款项尚未支付。

(4) 中央财政资金预计支出情况

详细列示项目（课题）承担单位及参与单位的各预算科目预计支出[指结题审计基准日后发生的或预计发生的与项目（课题）绩效评价、成果管理相关的必要支出]金额及使用计划，包括涉及单位、支出计划及金额等内容，截至审计报告日已支付的要说明支付情况。

例如：截至20××年×月×日，该项目（课题）申报预计支出××元，全部为ABC项目（课题）承担单位预计将在结题审计基准日之后发生的与项目（课题）绩效评价、成果管理相关的费用支出，具体情况见表××：

表×× 中央财政资金预计支出情况表 金额单位：元

单位名称	承担/参与	支出内容	预算科目	单位申报数	预计支出审定数
单位1					
小计					

续表

单位名称	承担/参与	支出内容	预算科目	单位申报数	预计支出审定数
单位2					
小计					
合计					

单位1，因××原因，在××预算科目的预计支出××元，为计划支付给××单位的××费用，该款项已于20××年×月×日支付。

单位2，因××原因，在××预算科目的预计支出××元，为计划支付给××单位的××费用，截至审计报告日该款项尚未支出。

（5）中央财政资金结余情况

说明项目（课题）承担单位及参与单位审计认定支出汇总和结余审定情况，对于审定结余资金比例超过50%的，要对结余原因进行重点披露。

例如：中央财政资金预算批复数××元，调剂后预算数××元，截至20××年×月×日（结题审计基准日），审计认定支出××元，应付未付认定××元，预计支出审定××元，结余审定××元，预算执行率××%，结余资金比例××%。结余资金比例超过50%的原因为××。具体情况见表××。

表××　　中央财政资金结余情况表　　金额单位：元

序号	单位名称	承担/参与	预算批复数	调剂后预算数	审计认定支出数	应付未付认定数	预计支出审定数	结余审定数
1	单位1	承担单位						
2	单位2	参与单位						
合计								

注：预算批复数以任务书批复的金额为准；调剂后预算数以项目（课题）执行周期内，按有关规定履行预算调剂程序后的金额为准；审计认定支出数为调整违规支出、不合理支出、与项目（课题）无关支出等后的审计认定已支出金额；结余审定数为预算批复数（如有调剂，以调剂后预算数为准）－审计认定支出数－应付未付认定数－预计支出审定数；预算执行率为（审计认定支出数＋应付未付认定数＋预计支出审定数）/预算批复数（如有调剂，以调剂后预算数为准）；结余资金比例＝结余审定数/预算批复数（如有调剂，以调剂后预算数为准）＝100%－预算执行率。

3. 其他来源资金使用情况

(1) 其他来源资金支出审计认定情况

说明其他来源资金分科目支出情况，承担单位及参与单位审计认定支出情况，与预算批复存在的重大差异及原因。

审计认定支出情况披露内容参照本报告“二（三）2（2）项目（课题）预算科目资金支出审计认定情况”部分。

(2) 其他来源资金预算执行情况

例如：预算批复数××元，调剂后预算数××元，截至20××年×月×日（结题审计基准日），审计认定支出××元，预算执行率××%。

4. 相关资产管理情况

说明承担单位及参与单位使用项目（课题）资金形成的单价50万元及以上固定资产和无形资产情况，按照国家有关国有资产管理规定建立相关资产管理制度的情况。

例如：承担单位及参与单位使用项目（课题）资金形成的单价50万元及以上固定资产××台（套），软件、专利技术等无形资产××件。有（或没有）与该等资产相关的管理制度、采购手续符合（或不符合）相关规定、有（或没有）资产管理部门，描述相关资产使用状态及转固定资产登记台账情况。

5. 财务档案保管情况

说明承担单位及参与单位按照有关规定建立财务档案管理制度情况，以及相关档案保管情况。

例如：承担单位及参与单位建立了与该项目（课题）相关的财务档案管理制度，不存在毁损、丢失、无法提供结题审计资料等情况。

三、项目（课题）资金管理和使用中的主要问题及建议

针对结题审计过程中发现的问题，注册会计师需要与承担单位、参与单位进行充分的沟通，交换意见，并分别对未整改问题和已整改问题进行报告。注册会计师在上述“二、项目（课题）资金管理和使用情况”中已披露的问题，需在此部分集中披露。

（一）未整改问题及建议

1. 对于注册会计师在结题审计过程中发现的问题，如果截至审计报告日，承担单位、参与单位未予整改，审计报告应逐项列示注册会计师在审计过程中发现的问题，引用有关制度规定，并提出整改建议。如无相关事项，则本段内容填写“承担单位及参与单位无未整改问题”。

例如：项目（课题）承担单位列支与本项目（课题）无关的支出未予整改。

问题：注册会计师在结题审计过程中发现，ABC 项目（课题）承担单位在直接费用——业务费中列支个人出国旅游费用 28000 元，项目（课题）承担单位未予整改，以上情况不符合《国家重点研发计划资金管理办法》（财教〔2021〕178 号）第三十七条第（三）项：“不得使用项目资金列支应当由个人负担的有关费用和支付各种罚款、捐款、赞助、投资，偿还债务等”的规定。

建议：ABC 项目（课题）承担单位应将上述支出调出并应向个人收回上述款项，严格项目（课题）资金支出使用管理。

2. 对于相关部门在项目（课题）进行检查时发现的问题，如果截至审计报告日，承担单位、参与单位未予整改，审计报告应逐项列示相关部门在项目（课题）进行检查时发现的问题，承担单位、参与单位未完成整改的原因。如无相关事项，则本段内容填写“承担单位及参与单位无未整改问题”。

例如：××部门于××年×月×日出具×××（文件名和文号），其中披露的第 X 项、第 Y 项问题，经审核发现，截至审计报告日，承担单位、参与单位未完成整改。第 X 项未完成整改的原因为×××；第 Y 项未完成整改的原因为×××。

（二）已整改问题

1. 对于注册会计师在结题审计过程中发现的问题，如果截至审计报告日，承担单位、参与单位已整改，审计报告应归类披露注册会计师在结题审计过程中发现的问题，以及承担单位、参与单位已完成整改的情况。如无相关事项，则本段内容填写“承担单位及参与单位无已整改问题”。

2. 对于相关部门在项目（课题）进行检查时发现的问题，如果截至审计报告日，承担单位、参与单位已整改，审计报告应逐项列示相关部门在项目（课题）进行检查时发现的问题，以及承担单位、参与单位已完成整改的情况。如无相关事项，则本段内容填写“承担单位及参与单位无已整改问题”。

四、审计意见

如果“三、项目（课题）资金管理和使用中的主要问题及建议”中的“（一）未整改问题及建议”填写为“承担单位及参与单位无未整改问题”，则审计意见应当表述为：我们认为，ABC 项目（课题）承担单位承担的 ××项目（课题）资金投入、使用和管理在所有重大方面符合科研项目资金管理相关法律法规以及经批准的该项目（课题）任务书的规定，不存在重大违规事项。

如果根据“三、项目（课题）资金管理和使用中的主要问题及建议”所述事项，注册会计师判断需要发表保留意见，则审计意见应当表述为：我们认为，除“三、项目（课题）资金管理和使用中的主要问题及建议”中的“（一）未整改问题及建议”中××所述事项的影响外，ABC 项目（课题）承担单位承担的××项目（课题）资金投入、使用和管理符合科研项目资金管理相关法律法规以及经批准的该项目（课题）任务书的规定，不存在其他重大违规事项。

如果注册会计师判断需要发表否定意见或无法表示意见，则按照《中国注册会计师审计准则第 1502 号——在审计报告中发表非无保留意见》的要求出具审计报告。

五、项目（课题）承担单位的责任和注册会计师的责任

（一）项目（课题）承担单位的责任

项目（课题）承担单位是科研项目（课题）实施和资金管理使用的责任主体，负责项目（课题）资金的日常管理和监督工作，保证资金投

入、使用、管理符合科研项目资金管理相关法律法规以及经批准的本项目（课题）任务书的规定，对所提供的与科研项目（课题）结题审计相关的资料负责，并保证资料真实、合法、完整。

（二）注册会计师的责任

我们的责任是按照中国注册会计师审计准则和《中央财政科技计划项目（课题）结题审计指引》的要求，对中央财政科技计划项目（课题）结题执行审计，出具审计报告，报告课题承担单位按照科研项目（课题）资金相关法律法规以及经批准的该项目（课题）任务书的规定，对科研项目（课题）资金投入、使用和管理的具体情况，同时报告审计中发现的问题并提出相关建议。我们了解了与科研项目（课题）资金投入、使用和管理相关的内部控制，以设计恰当的审计程序，但目的并非对内部控制的有效性发表意见。按照中国注册会计师职业道德守则，我们独立于项目（课题）承担单位及参与单位，并履行了职业道德方面的其他责任。

六、报告使用限制

本审计报告仅供科研资金管理使用。非法律、行政法规规定，本审计报告的全部或部分内容不得提供给其他任何单位和个人，不得见诸公共媒体。本审计报告正文部分及附表不可分割，应一同阅读使用。对任何因审计报告使用不当产生的后果，与执行本审计业务的注册会计师及其所在的会计师事务所无关。

附表：

表 B1：项目（课题）基本情况表

表 B2：项目（课题）承担单位资金拨付情况审计表

表 B3：项目（课题）资金支出情况审计汇总表

表 B3 – N：项目（课题）承担（参与）单位资金支出情况审计表

表 B4：项目（课题）购置/试制设备情况审计表

表 B5：项目（课题）资金管理和使用中的主要问题汇总表

××会计师事务所　　　　　　　　　中国注册会计师：×××

（盖章）　　　　　　　　　　　　　（签名并盖章）

　　　　　　　　　　　　　　　　中国注册会计师：×××

　　　　　　　　　　　　　　　　　（签名并盖章）

中国·××市　　　　　　　　　　　二〇××年×月×日

附送资料

项目（课题）承担单位和参与单位的中央财政资金支出明细账电子版。会计师事务所从项目（课题）承担单位、参与单位获取中央财政资金支出明细账电子版，并按照规定上传报送，不需要将纸质明细账附在审计报告后。

报告附表：

表 B1　　　　　　　　项目（课题）基本情况表

<table>
<tr><td colspan="2">课题编号</td><td></td><td>课题名称</td><td colspan="2"></td></tr>
<tr><td colspan="2">项目编号</td><td></td><td>参与单位数量</td><td colspan="2"></td></tr>
<tr><td colspan="2">结题财务审计进驻现场日</td><td></td><td>审计基准日</td><td colspan="2"></td></tr>
<tr><td colspan="2">课题起止时间</td><td colspan="2"></td><td>至</td><td></td></tr>
<tr><td colspan="2">中央财政资金</td><td colspan="2"></td><td>其他来源资金</td><td></td></tr>
<tr><td rowspan="11">课题承担单位</td><td>单位名称</td><td colspan="4"></td></tr>
<tr><td>单位类别</td><td colspan="4">□科研院所　□高等院校　□企业　□其他</td></tr>
<tr><td>单位主管部门</td><td></td><td>隶属关系</td><td colspan="2"></td></tr>
<tr><td>统一社会信用代码</td><td colspan="4"></td></tr>
<tr><td>单位法定代表人姓名</td><td colspan="4"></td></tr>
<tr><td>单位开户名称</td><td colspan="4"></td></tr>
<tr><td>开户银行（全称）</td><td colspan="4"></td></tr>
<tr><td>银行账号</td><td colspan="4"></td></tr>
<tr><td>电子邮箱</td><td colspan="4"></td></tr>
<tr><td>通讯地址</td><td colspan="4">______省、直辖市、自治区______地市（市、自治州、盟）
______县市（区、旗）</td></tr>
<tr><td>邮政编码</td><td colspan="4"></td></tr>
</table>

续表

<table>
<tr><td rowspan="2">课题参与单位</td><td>序号</td><td>单位名称</td><td>统一社会信用代码</td><td>注册资金</td><td>成立时间</td><td>法定代表人</td><td>通信地址</td></tr>
<tr><td></td><td></td><td></td><td></td><td></td><td></td><td></td></tr>
<tr><td rowspan="6">相关责任人</td><td colspan="2" rowspan="4">课题负责人</td><td>姓名</td><td colspan="2"></td><td>工作单位</td><td></td></tr>
<tr><td>固定电话</td><td colspan="2"></td><td>手机号码</td><td></td></tr>
<tr><td>电子邮箱</td><td colspan="2"></td><td>邮政编码</td><td></td></tr>
<tr><td>通讯地址</td><td colspan="4"></td></tr>
<tr><td colspan="2" rowspan="2">课题联系人</td><td>姓名</td><td colspan="2"></td><td>电子邮箱</td><td></td></tr>
<tr><td>固定电话</td><td colspan="2"></td><td>手机号码</td><td></td></tr>
<tr><td rowspan="8">会计师事务所</td><td colspan="2" rowspan="4">会计师事务所</td><td>事务所全称</td><td colspan="4"></td></tr>
<tr><td>单位通讯地址</td><td colspan="4"></td></tr>
<tr><td>主任会计师</td><td colspan="2"></td><td>审计收费</td><td>元</td></tr>
<tr><td>单位联系电话</td><td colspan="2"></td><td>邮政编码</td><td></td></tr>
<tr><td colspan="2" rowspan="2">签字注册会计师 1</td><td>姓名</td><td colspan="2"></td><td>证书编号</td><td></td></tr>
<tr><td>手机号码</td><td colspan="2"></td><td>电子邮箱</td><td></td></tr>
<tr><td colspan="2" rowspan="2">签字注册会计师 2</td><td>姓名</td><td colspan="2"></td><td>证书编号</td><td></td></tr>
<tr><td>手机号码</td><td colspan="2"></td><td>电子邮箱</td><td></td></tr>
</table>

表 B2　　**项目（课题）承担单位资金拨付情况审计表**

课题编号：　　课题名称：　　审计基准日：　　金额单位：元

填表说明：1. 该表填报内容为课题承担单位资金自留和外拨情况；
2. 单位类别分为：A. 科研院所，B. 高等院校，C. 企业，D. 其他；
3. 审计认定拨付数为课题承担单位向参与单位的实际拨付数。

序号	单位名称	统一社会信用代码	预算批复数				调剂后预算数				审计认定拨付数				单位类别	是否为预算内单位	是否按预算拨付经费
			中央财政资金		其他来源资金	合计	中央财政资金		其他来源资金	合计	中央财政资金		其他来源资金	合计			
			直接费用	间接费用			直接费用	间接费用			直接费用	间接费用					
	(1)	(2)	(3)	(4)	(5)	(6)	(7)	(8)	(9)	(10)	(11)	(12)	(13)	(14)	(15)	(16)	(17)
1																	
2																	
3																	
4																	
5																	
……																	
总计																	

表 B3

项目（课题）资金支出情况审计汇总表

课题编号：　　　　课题名称：　　　　审计基准日：　　　　金额单位：元

预算科目		经费支出合计	（一）直接费用				（二）间接费用	
			直接费用小计	1. 设备费	2. 劳务费	3. 业务费	间接费用小计	其中：绩效支出
预算批复数	中央财政资金							
	其他来源资金							
	合计							
调剂后预算数	中央财政资金							
	其他来源资金							
	合计							
账面支出数	中央财政资金							
	其他来源资金							
	合计							
审计认定数	中央财政资金							
	其他来源资金							
	合计							
应付未付认定数	中央财政资金							
	其他来源资金							
	合计							
预计支出审定数	中央财政资金							
	合计							

续表

预算科目		经费支出合计	（一）直接费用				（二）间接费用	
			直接费用小计	1. 设备费	2. 劳务费	3. 业务费	间接费用小计	其中：绩效支出
结余审定数	中央财政资金							
	其他来源资金							
	合计							
中央财政结余资金比例（%）			/	/	/	/	/	/

注：1. 预算批复数以任务书批复的金额为准；2. 调剂后预算数以课题执行周期内，按有关规定履行预算调剂程序后的金额为准；3. 账面支出数为课题执行周期内的实际已支出数；4. 审计认定数为课题执行周期内调整违规支出、不合理支出、与课题无关支出等后的审计认定已支出金额；5. 应付未付认定数为课题执行期内发生的与课题研发活动直接相关的费用尚未支付、需在结题审计基准日后支付的金额认定数；6. 预计支出审定数为结题审计基准日后发生的或预计发生的与项目（课题）绩效评价、成果管理相关的必要支出审定数；7. 结余审定数为课题执行周期内预算批复数（如有调剂，以调剂后的预算数为准）－审计认定数－应付未付认定数－预计支出审定数；结余资金比例＝结余审定数/预算批复数（如有调剂，以调剂后预算数为准）。

表 B3－N　　项目（课题）承担（参与）单位资金支出情况审计表

课题编号：　　课题名称：　　单位名称：　　审计基准日：　　金额单位：元

预算科目		经费支出合计	（一）直接费用				（二）间接费用	
			直接费用小计	1. 设备费	2. 劳务费	3. 业务费	间接费用小计	其中：绩效支出
预算批复数	中央财政资金							
	其他来源资金							
	合计							
调剂后预算数	中央财政资金							
	其他来源资金							
	合计							

续表

预算科目		经费支出合计	（一）直接费用				（二）间接费用	
			直接费用小计	1. 设备费	2. 劳务费	3. 业务费	间接费用小计	其中：绩效支出
账面支出数	中央财政资金							
	其他来源资金							
	合计							
审计认定数	中央财政资金							
	其他来源资金							
	合计							
应付未付认定数	中央财政资金							
	其他来源资金							
	合计							
预计支出审定数	中央财政资金							
	合计							
结余审定数	中央财政资金							
	其他来源资金							
	合计							
中央财政结余资金比例（%）			/	/	/	/	/	/

注：1. 预算批复数以任务书批复的金额为准；2. 调剂后预算数以课题执行周期内，按有关规定履行预算调剂程序后的金额为准；3. 账面支出数为课题执行周期内的实际已支出数；4. 审计认定数为课题执行周期内调整违规支出、不合理支出、与课题无关支出等后的审计认定已支出金额；5. 应付未付认定数为课题执行期内发生的与课题研发活动直接相关的费用尚未支付、需在结题审计基准日后支付的金额认定数；6. 预计支出审定数为结题审计基准日后发生的或预计发生的与项目（课题）绩效评价、成果管理相关的必要支出审定数；7. 结余审定数为课题执行周期内预算批复数（如有调剂，以调剂后的预算数为准）－审计认定数－应付未付认定数－预计支出审定数；结余资金比例＝结余审定数/预算批复数（如有调剂，以调剂后预算数为准）。

表 B4　　**项目（课题）购置/试制设备情况审计表**

课题编号：　　　　课题名称：　　　　审计基准日：　　　　金额单位：元

填表说明：1. 单价≥50 万元的设备需详细列示每台设备的情况，单价 50 万元以下设备只需填写合计数；

2. 购置设备类型：通用、专用；

3. 使用单位：指对资产具有使用、管理权的资产安置单位，表示资产目前所在或被管辖的单位；

4. 是否为预算内设备：如果是预算内设备，填“Y”；如果是预算外设备，此列填“N”；

5. 设备分类代码：A. 购置；B. 试制。

序号	设备类型	设备名称	设备分类	设备型号	设备生产国别及厂家	单价（元/台件）	数量（台件）	总价	从中央财政资金列支数	购买日期	使用单位	是否为预算内设备
	(1)	(2)	(3)	(4)	(5)	(6)	(7)	(8)	(9)	(10)	(11)	(12)
1												
2												
……												
单价 50 万元以上设备合计				/	/	/				/	/	/
单价 50 万元以下设备				/	/	/				/	/	/
合计				/	/	/				/	/	/
审计认定数				/	/	/				/	/	/

注：试制设备无厂家信息的，本表（5）列填写“无”。

表 B5

项目（课题）资金管理和使用中的主要问题汇总表

课题编号：　　　　　　　　　　　　课题名称：

序号	审计内容	问题类型	问题描述	承担单位/参与单位名称
一、未整改问题				
1				
2				
3				
……				
二、已整改问题				
1				
2				
……				

注：问题类型、问题描述与审计报告正文“三”中相关内容保持一致。

（三）结题审计服务系统上传

1. 系统登录。系统地址是 https：//service. most. gov. cn/，采用“用户账号 + 登录密码 + 验证码”的方式登录。见图 5 - 1。

图 5 - 1　系统登录页面图

2. 点击“在线服务——事务所结题审计服务”，见图 5 - 2。

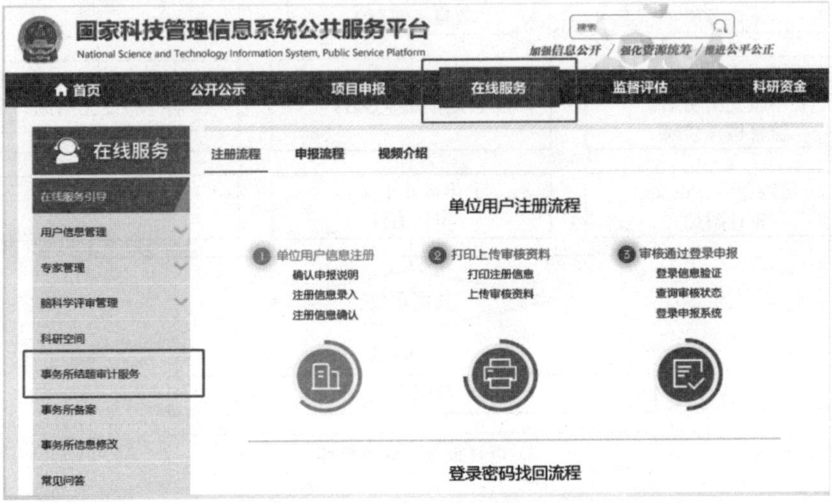

图 5 - 2　在线服务——事务所结题审计服务页面图

3. 绑定课题（导航栏：结题审计工作——课题绑定管理），见图 5－3。

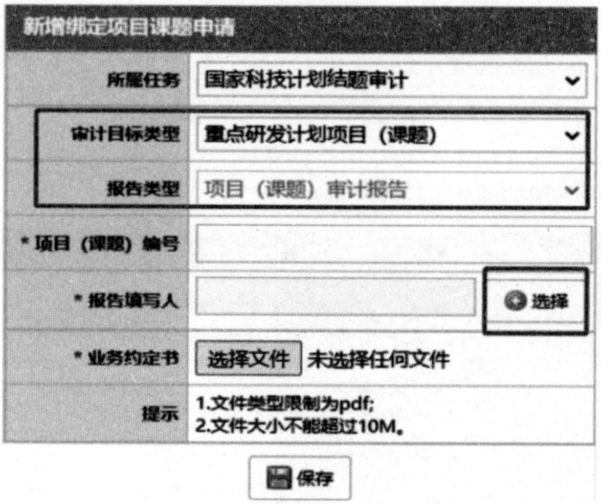

图 5－3 课题绑定管理页面图

4. 审计报告填报流程，见图 5－4。

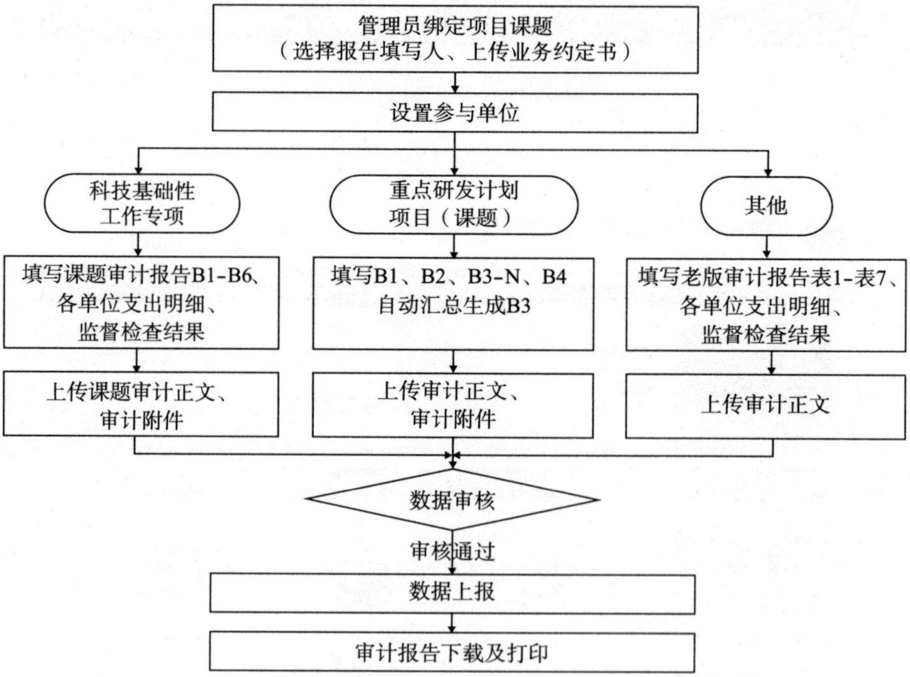

图 5－4 审计报告填报流程图

5. 审计报告撤报流程，见图 5－5。

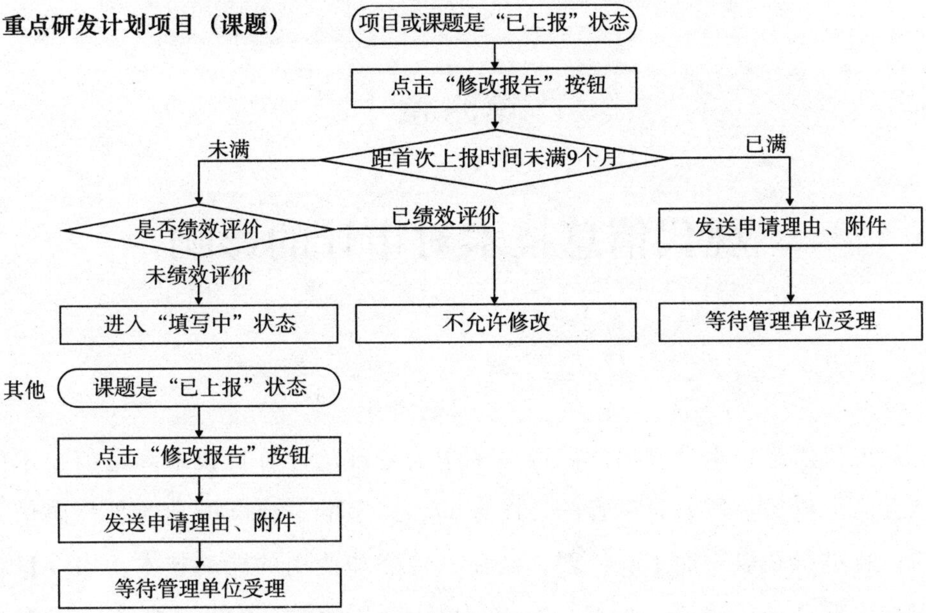

图 5－5　审计报告撤报流程图

第六章

现代信息技术对审计的影响

现代信息技术是指借助以微电子学为基础的计算机技术和电信技术的结合而形成的手段，对声音的、图像的、文字的、数字的和各种传感信号的信息进行获取、加工、处理、储存、传播和使用的能动技术。当今世界正在向信息时代迈进，信息已经成为社会、经济发展的“血液”“润滑剂”，现代信息技术广泛地渗透到和改变着人们的生活学习和工作。

2021 年 8 月 5 日，国务院办公厅发布《关于改革完善中央财政科研经费管理的若干意见》（国办发〔2021〕32 号），第十四条提出“要选择部分电子票据接收、入账、归档处理工作量比较大的中央高校、科研院所、企业，纳入电子入账凭证会计数据标准推广范围，推动科研经费报销数字化、无纸化。”第二十二条强调了审计监督、财会监督与日常监督的“贯通协调”和“监督合力”，减少过程检查，充分利用大数据等信息技术手段，提高监督检查效率。强化项目承担单位法人责任，项目承担单位要动态监管经费使用并实时预警提醒，确保经费合理规范使用。这对未来科研项目（课题）承担单位，尤其是高校和科研院所进一步推进财务信息化、智能化服务，运用大数据、人工智能技术提高财务管理和服务水平，实现科研经费报销数字化、无纸化和科研经费管理动态化、智能化提出了明确的要求。项目（课题）承担单位要积极运用大数据、人工智能技术，在财务数据、科研业务的全面数字化获取的基础上，进一步规范优化财务流程，通过智能发票识别、智能合同识别比对管理、智能审核、移动审批、智能记账、银企直联支付等流程再造，打通科研经费管理的全流程，实现财务报销和科研经费管理流程的无纸化和智能化。让一线科研人员不用往返于领导审批和财务审核报销的奔波，能够随时随地无纸化便捷报销，真正做到让“科研人员少跑腿，数据多跑路。”

从技术的角度看，信息化实质上是计算机化加通信化。作为执行科研项目（课题）结题审计的注册会计师，应树立信息化思维方式，了解必要的信息化技术知识，掌握基本的信息技术方法，充分利用现代信息技术手段计划和执行审计工作，在充分了解和考虑不同 IT 环境对审计工作的影响情况下，设计和实施不同的审计程序。

一、信息系统审计

信息系统审计，又叫 IT 审计，是指以计算机为核心的信息系统的审计，是对项目（课题）承担单位的信息系统及其相关的信息技术内部控制和流程所进行的审查与评价活动。随着社会的信息化程度越来越高，信息将是维持社会经济活动及生产活动的重要的基础性资源，成为社会一切领域的基础。信息系统广泛深入地渗透到各个领域，尤其是科研单位，其结果导致政府、企事业单位等对信息系统有极大的依赖性。实施信息系统审计，对项目（课题）承担单位是否实现信息技术管理目标进行审查和评价，有利于提高项目（课题）承担单位所依赖的信息系统的可靠性、稳定性、安全性及数据处理的完整性和准确性，有利于提高信息系统运行的效果与效率，合理保证信息系统的运行符合法律法规以及相关监管要求。

对于信息系统审计，注册会计师可以单独或者综合运用包括询问相关控制人员，观察特定控制的运用，审阅文件和报告及计算机文档或者日志，根据信息系统的特性进行穿行测试，追踪交易在信息系统中的处理过程，验证系统控制和计算逻辑，登录信息系统进行系统查询，利用计算机辅助审计工具和技术，利用其他专业机构的审计结果或者组织对信息技术内部控制的自我评估结果等方法获取相关、可靠和充分的审计证据，以评估信息系统内部控制的设计合理性和运行有效性。信息系统审计方法主要包括访谈法、调查法、检查法、观察法、测试和平行模拟法、程序代码检查、编码比较法、风险评估法等；信息系统审计的主要工具有数据分析工具、数据库审计工具、源代码安全审计工具、日志安全审计工具、网络安全审计工具、专用审计工具箱等。信息系统审计主要包括：对单位层面的信息技术控制审计，对信息技术一般性控制审计及业务流程层面相关应用控制审计。信息技术内部控制的各个层面均包括人工控制、自动控制和人工、自动相结合的控制形式，注册会计师应当根据不同的控制形式实施恰当的审计程序。

（一）在不太复杂IT环境下，考虑实施的审计程序

当面临不太复杂的IT环境时，例如，在信息技术并不对传统的审计线索产生重大影响的情况下，注册会计师可采取传统方式进行审计，即“绕过计算机进行审计”。在此情形下，注册会计师通常考虑单位层面的信息技术控制，实施以下审计程序：

1. 了解与科研资金管理和使用相关的信息系统（包括相关业务流程）。详见第三章“风险评估和控制测试程序”。

2. 了解被审计单位如何应对信息技术导致的风险。信息系统是人为设计的产品，因此会存在人为的干预或人为的绕过自动控制，使信息系统存在一定的风险。因为各种意外原因，如系统瘫痪等，不可避免地会出现数据丢失的风险或无法访问的风险。也可能会因为信息系统的一贯逻辑、参数等的错误设置，从而导致错误地处理数据；或在输入时输入错误，从而导致处理错误的数据，使得出现处理错误。若相关安全控制无效，数据信息会增加非授权访问的风险，导致未被授权的交易、虚假的交易、系统程序和系统内部数据被不当地改变、交易被不当地记录、信息技术人员越权访问和处理等情况。因此需要了解被审计单位是如何应对这些风险的。

3. 查看被审计单位的财务系统，判断会计核算是否全部纳入财务统一

管理、是否区分中央财政资金和其他来源资金并进行单独核算。详见第三章“风险评估和控制测试程序”。

（二）在较为复杂 IT 环境下，考虑实施的审计程序

当面临较为复杂的 IT 环境时，“绕过计算机进行审计”就不可行，而需要“穿过计算机进行审计”。注册会计师需要更多运用诸如计算机辅助审计技术、电子表格、数据库管理系统等各项审计技术开展具体的审计工作。在较为复杂的 IT 环境下执行审计工作时，注册会计师除执行以上在不太复杂 IT 环境下实施的审计程序外，应充分识别和评估信息系统导致的风险以及审计策略对信息系统的依赖程度。必要时，注册会计师应执行信息系统一般控制审计和应用控制审计。

1. 信息技术一般性控制

信息技术一般性控制是指与网络、操作系统、数据库、应用系统及其相关人员有关的信息技术政策和措施，以确保信息系统持续稳定地运行，支持应用控制的有效性。对信息技术一般性控制的审计应当考虑下列控制活动：

（1）信息安全管理。注册会计师应当关注项目（课题）承担单位的信息安全管理政策，物理访问及针对网络、操作系统、数据库、应用系统的身份认证和逻辑访问管理机制，系统设置的职责分离控制等。

（2）系统变更管理。注册会计师应当关注项目（课题）承担单位的应用系统及相关系统基础架构的变更、参数设置变更的授权与审批，变更测试，变更移植到生产环境的流程控制等。

（3）系统开发和采购管理。注册会计师应当关注项目（课题）承担单位的应用系统及相关系统基础架构的开发和采购的授权审批，系统开发的方法论，开发环境、测试环境、生产环境的严格分离情况，系统的测试、审核、移植到生产环境等环节。

（4）系统运行管理。注册会计师应当关注项目（课题）承担单位的信息技术资产管理、系统容量管理、系统物理环境控制、系统和数据备份

及恢复管理、问题管理和系统的日常运行管理等。

2. 业务流程层面应用控制

业务流程层面应用控制是指项目（课题）承担单位在业务流程层面为了合理保证应用系统准确、完整、及时完成业务数据的生成、记录、处理、报告等功能而设计、执行的信息技术控制。对业务流程层面应用控制的审计应当考虑下列与数据输入、数据处理以及数据输出环节相关的控制活动：

（1）授权与批准。审计应用程序的访问控制，必须关注是否只有被授权的使用人才可以访问系统数据或执行授权范围内的程序功能，输入控制是否保证每笔被处理的业务能够被正确完整地录入与编辑，是否只有合法且经授权的信息才能被正确输入。

（2）系统配置控制。审计配置控制主要关注应用系统基础参数的设置与调整。包括参数的正确性、审批与授权、调整日志等。

（3）异常情况报告和差错报告。审计信息系统在出现不能正常运行、计算结果错误等异常情况时，系统能否自动提醒、处理，接收、保存差错输出报告。

（4）接口/转换控制。审计应对接口的数据流向、数据传输能力、数据转换准确性等进行测试和检查，接口/转换能否保证数据流通的正确性以及数据传输能力是否满足系统功能需求。

（5）一致性核对。审计系统间传输时，需重点检查传输报告分发是否建立了相应的人工控制环节，包括但不限于安全打印、接收签名、加密、只读等，以防范非法篡改造成不一致。

（6）职责分离。审计系统数据的录入、修改与审核的职责是否分离，关注对数据进行加密和敏感性分级处理的规则以及加密方式是否满足工作需求。

（7）系统计算。审计信息系统对数据计算的准确性及计算效率。

（8）其他。审计人员应关注的与业务流程层面应用控制有关的其他事项。

（三）对被审计单位使用服务机构的考虑

当被审计单位将全部或部分信息技术职能外包给计算机服务机构，且服务机构提供的服务和对服务的控制，构成被审计单位财务相关信息系统（包括相关业务流程）的一部分时，注册会计师应当遵守《中国注册会计师审计准则第 1241 号——对被审计单位使用服务机构的考虑》的规定，了解服务机构提供的服务的性质和重要性，及其对与审计相关的被审计单位内部控制的影响，以充分识别和评估重大错报风险，针对识别和评估的重大错报风险，设计和实施审计程序。

二、计算机辅助审计技术

计算机辅助审计技术（Computer Assisted Audit Techniques，CAATs），是指利用计算机和相关软件，使审计测试工作实现自动化的技术。在高度计算机化的信息系统中，如果只采用常规审计方法显然是不够的，无论是审计证据的收集、评价，还是实现审计工作的自动化，都需要借助计算机这个现代化工具才能更高效地完成。计算机辅助审计的技术与工具适用面很广，通常情况下，不论信息系统是大型还是小型，是联网还是未联网，审计师都可以采用 CAATs。

会计电算化的广泛应用为计算机辅助审计技术的应用铺平了道路，项目（课题）承担单位无论是行政事业单位还是企业组织，它们的数据处理方式、组织结构以及内部控制等方面都因会计电算化的应用发生很大变化，传统的审计方式难以适应新的会计环境，推广应用计算机辅助审计技术便是水到渠成的事情。

实务中，注册会计师可以根据实际需要利用计算机辅助审计工具和技术进行数据的验证、关键系统控制/计算的逻辑验证、审计样本选取等。计算机辅助审计技术通常包括面向系统和面向数据的计算机辅助审计技术。

（一）面向系统的计算机辅助审计技术

面向系统的计算机辅助审计技术是用于验证程序或系统的计算机辅助审计技术，主要有平行模拟、测试数据、集成测试、程序代码比较、程序编码审查、快照、跟踪等方法。

1. 平行模拟法。注册会计师使用自身的应用软件，并且运用与被审计单位同样的数据文件，执行被审计单位应用软件同样的操作，以确定被审计单位自动控制的有效性（相当于运用于控制测试）或账户余额的准确性（相当于运用于实质性程序）。

2. 测试数据法。注册会计师使用被审计单位的计算机系统和应用软件处理注册会计师自身准备的测试数据，以确定被审计单位的自动控制是否正确地处理测试数据。

3. 嵌入审计模块法。注册会计师在被审计单位的应用软件系统中嵌入审计模块，以识别特定类型的交易。

4. 程序编码审查。注册会计师使用专业的编码审查工具，进行开发编码的独立审查，以能发现冗余代码、错误代码、恶意代码等。

5. 程序代码比较和跟踪。注册会计师使用专业的代码比较工具，进行开发代码的比对，包括客制化版本和标准化版本之间的代码比对，不同版本程序之间代码的比对跟踪等。

6. 快照。注册会计师使用专业的工具，将系统运行过程中的某一状态进行快照记录，以进行包括系统性能、功能、状态等的横向比较。

（二）面向数据的计算机辅助审计技术

面向数据的计算机辅助审计技术是通过采集、处理和分析被审计单位的电子数据，得出审计线索，获取审计证据的方法。主要包括数据查询、账表分析、审计抽样、统计分析、数据分析等方法。常见的技术有通用审计软件和嵌入审计模块两种模式。通用审计软件是目前运用最广泛的计算机辅助审计技术，通过审计数据采集和审计数据分析发现审计线索，从而完成审计任务。我国常用的通用审计软件有审计数据采集系列、现场审计实施系统、易通审计、审计之星系列、鼎信诺审计软件等，国外常见的审计软件有加拿大的IDEA软件和ACL软件等。嵌入审计模块是指在被审计系统加入部分审计模块以便随时检查输入该系统的每一笔业务数据，进而测试被审计系统的有效性。

（三）计算机辅助审计技术常用的工具

计算机辅助审计技术需要使用一定的工具来加以实现。常见的工具包括：

1. 通用类：Microsoft Office系列软件，其中使用最为广泛的为Microsoft Excel与Microsoft Access。Excel自带了大量核算或分析的库函数或工作，但是它处理的数据量非常有限，Access可以灵活导入数据，并可使用简单的SQL语言进行分析，处理数据的范围和数据量大于Excel。

2. 数据库类：Microsoft SQL Server、MySQL、Oracle、DB2等。该类工具涉及较少数据表的运算，单表数据量大于Excel，运算处理过程较简单，可以快速高效地分析大量数据，要求使用者拥有较高的SQL语言技术能力。

3. 数据统计分析类：MATLAB、SAS、R、Python、SPSS等。该类工具涉及复杂的统计运算、统计预测、数据分析等，要求使用者拥有特定统计软件的语言技术能力。

4. 专业审计类：ACL、IDEA等。该类工具涉及较多数据表运算，单表数据量大，运算处理过程较为复杂，要求使用者拥有专业审计软件使用能力。目前市场上尚未有单独为科研项目（课题）设计的审计软件，相信不久的将来一定会出现。

5. 数据分析及展示类：Tableau、Qlik View、FineBI、Microsoft Power BI等。该类工具涉及多样式的数据可视化、数据分析，能够灵活直观地展现业务现状，要求使用者拥有专业软件的使用能力。

（四）数据分析在审计过程中的应用

数据分析是注册会计师获取审计证据的一种手段，是通过基础数据结构中的字段来提取数据，是注册会计师在计划和执行审计工作时，通过对内部或外部数据进行分析、建模或可视化处理，以发现其中隐藏的模式、偏差或不一致，从而揭示出对审计有用的信息的方法。实务中，通常是采用将数据分析过程或结果嵌入审计工作流程，或者是利用数据分析识别科研经费使用过程中的常见问题。

1. 将数据分析过程或结果嵌入审计工作流程。例如：在审计计划阶段，利用数据分析进行风险评估；在内控测试阶段，利用数据分析识别控制的薄弱环节；在实质性程序阶段，可进行多维度分析；在报告与完成阶段，构建风险预测分析模型，提供经营及风险管理的决策建议。

2. 利用数据分析识别科研经费使用过程中的常见问题。例如：是否报销项目组以外人员的差旅费、出差地是否属于明令禁止地区、出差地是否与项目（课题）相关；是否向本项目及所属项目（课题）研究和管理的相关人员发放劳务费；测试化验加工的服务单位是否为被审计单位的关联方；项目（课题）印刷支出与实际出版情况是否存在逻辑冲突；项目（课题）报销事项是否与项目（课题）实际情况存在异常矛盾等。

随着人工智能技术的发展，计算机也将更加智能化，智能的计算机程序系统中记录有大量财经法规、审计实务及与科研项目（课题）结题有关的政策制度等相关知识，计算机将会模拟人类的思维过程，对信息系统的数据进行采集、分析和推理，判断出有用的审计线索，并提出相关审计建议。相信在不久的将来，在科研项目（课题）结题审计工作中，“电脑”将越来越多地取代“人脑”的工作。

三、信息化下审计需要考虑的事项

（一）实施非现场审计的考虑

非现场审计是指注册会计师通过连续地收集、整理被审计对象业务管理的数据和资料，运用适当的方法和流程进行分析的远程审计程序。随着信息技术在审计工作领域的广泛应用，信息化的不断发展，通过远程非现场审计成为可能。非现场审计是现代信息处理和传递方式下迅速发展起来的一种审计监督方式，与现场审计相比具有全面性、时效性以及审计成本低、效率高和规范性强等方面的优势。对于科研项目（课题）结题审计来说，非现场审计是以计算机最新技术为手段，通过对审计对象相关业务数据和资料的连续收集、整理和分析，可以对项目（课题）承担单位进行持续的、不间断的监测，及时发现科研项目（课题）资金投入、使用和管理方面存在的问题和疑点，提高审计的实效性，节约审计成本。

对于科研项目（课题）承担单位，注册会计师通常应当实施现场审计，但因不可抗力（如新冠肺炎疫情等）造成无法实施现场审计的，注册会计师在遵守审计准则和《中央财政科技计划项目（课题）结题审计指引》要求，保证审计质量的前提下，可以采用非现场审计；对于项目（课题）参与单位，注册会计师应当根据风险评估结果，综合运用职业判断，在保证审计质量的前提下，判断是否采用非现场审计。

要实现真正的非现场审计，应充分利用计算机技术、网络技术对被审计单位的数据进行实时采集、加工、存储、分析和传输，从而得到及时、科学和完善的审计数据和审计分析结果。注册会计师在考虑是否采用非现场审计时，应充分了解各方面的实际情况，如被审计单位的性质和所属行业、信息化水平、财务信息系统相关控制的有效性、在审计中可利用的信息化手段、电子数据传输或保存方面的安全性、预期被审计单位对远程审计工作的配合程度等，以评估非现场审计的可行性和风险，确保审计质量。

（二）对数据提取转换的考虑

实务中，所有事务所都面临一个基本技术问题，即通过一个可使用的格式从系统中提取数据。为了开发一个可用的接口，注册会计师不得不为每一个大客户的每一系统、按照每一个排列去映射所有编码，也必须对完全定制的系统这样做，注册会计师必须开发多种策略，以便能够接入各种各样的系统。另外，数据和交易可以采用多种不同的方式进行分析，如通过交易类型、账户或活动代码，或者参考许多不同的数据成分。转换（Transformation）的目的是使数据变为可用，一个最新出现的问题是，为了实现可用性，数据应做多大程度的改变。这些是目前会计师事务所共同面临的问题。

2021 年 12 月，由中国注册会计师协会立项的《审计数据采集规范 公共基础》《审计数据采集规范 总账》《审计数据采集规范 银行流水》和《审计数据采集规范 销售》四项团体标准已形成征求意见稿，正在面向社会公开征求意见，并在不同的事务所进行测试。相信在不久的将来，这些问题都将迎刃而解。

（三）对数据信息安全的考虑

基于工作特性，注册会计师行业的审计工作涉及大量数据和程序，尤其是科研项目（课题）审计项目，注册会计师不但掌握大量被审计单位的财务数据，而且还有部分科研数据。因此，信息系统审计对信息安全、网络安全、数据安全的要求尤显重要。在审计过程中，被审计单位提供给注册会计师大量数据，以何种方式保存数据从而满足审计准则的文件记录要求是每个事务所都在考虑的问题。近年来，国家已经出台《中华人民共和国网络安全法》《中华人民共和国数据安全法》《信息安全等级保护管理办法》等一系列法律法规，为网络数据安全建设提供了制度依据。会计师事务所应当建立和完善全流程数据安全管理制度，组织开展数据安全教育培训，采取相应的技术措施和其他必要措施保障数据安全；应当建立网络安全监控体系，保证会计审计资料数据安全；建立信息化应急管理机制，确保数据安全及业务的持续运行；促进开展网络安全等级保护测评，提升网络安全防护能力，确保应用系统和数据资产安全。

注册会计师在执行科研项目（课题）结题审计业务时，应在严格遵守《中华人民共和国数据安全法》等法律法规规定的前提下开展数据处理活动，对执业过程中获知的涉密信息，形成的工作底稿和出具的审计报告等，应当按照国家涉密相关要求严格管理，在项目（课题）结题审计工作中对被审计单位涉密文档文件，坚持“非必须不持有，非必要不保留”和“谁使用，谁管理，谁负责”的基本原则。注册会计师利用互联网等信息网络开展数据处理活动时，在网络安全等级保护制度的基础上，履行上述数据安全保护义务。

四、信息化下审计的未来展望

恩格斯曾指出“科学的发生和发展一开始就是由生产决定的”。在经历手工技术、机械化技术、电算化技术和数据技术四个不同阶段的变迁后，会计的效率不断提高，会计反映的内容不断扩大，会计的流程不断简化，会计的分析决策能力不断提升。在未来的智能化时代，科技发展将极大地助力财务管理的智能化创新，会计信息系统获取信息、处理信息、储存信息和传输信息的手段将更加先进，新技术的采用必然会不断促进业财融合，也就是业务信息与会计信息更加一体化。近年来，国家对于大数据、人工智能、财务数字化和智能化发展的政策引导力度逐渐显著，财政部在《会计改革与发展“十四五”规划纲要》中都有相关阐述。《注册会计师行业信息化建设规划（2021—2025 年）》围绕“会计师事务所信息化、行业管理服务信息化、协会办公信息化”总体布局和“标准化、数字化、网络化、智能化”战略布局，从四个方面明确 18 项信息化建设任务。其中，在加快信息化基础研究与建设方面，提出推动构建行业数据标准体系。围绕审计数据采集、审计报告电子化、行业管理服务数据、电子签章与证照等领域，按照继承、发展和创新原则，急用先行、循序渐进推动构建科学适用的行业数据标准体系，满足数据共享交换和数据分析需求，发挥数据作为生产要素的作用。

随着社会经济环境的变化和注册会计师对审计活动本质认识的逐步加深，注册会计师审计依次出现过三种审计模式，即从“账项导向审计”到“制度导向审计”，发展到现在的“风险导向审计”。风险导向审计是以防范风险为中心，把审计风险的评估贯穿于整个审计过程，能够通过数量化的测定，将审计风险降低到可以接受的水平，目前是审计质量控制的最佳选择。注册会计师应顺应时代发展，清醒地认识到信息化审计将是审计行业的发展趋势，审计工作随着信息化环境不断地更新，一直会处于一个动态的发展过程，但暂时不会完全替代人工。在这个逐步发展的进程中，审计人员与信息化默契地配合将成为关键，这就要求注册会计师的审计思维意识要跟随着时代的不断进步而提高，并且要逐步地加强和完善甚至赶超时代的发展，同时提高其计算机水平达到人与机的相对平衡；也要对信息化审计在发展、完善过程中遇到的问题进行研究解决，更加人性化①。注册会计师应学好、用好新技术，掌握人工智能时代的财务会计特点，利用好“智能机器人”等工具，通过“人机协同”等方法做好本职工作，履行好国家财产的“看门人”和经济安全的“守护者”职责，为服务国家建设和行业诚信体系建设作出应有的贡献。

① 刘鑫．时代信息化背景审计工作的发展方向［A］．http：//lzsj. liuzhou. gov. cn/ztzl/xsttzl/202108/t20210816_2892007. shtml.

参考文献

［1］宋振玲，李勋浩．提高科研经费结题审计质量 服务科研创新高质量发展［N］．中国会计报，2022－08－05.

［2］傅扬．我国科研经费审计现状与对策简析．https：//jysj. cee. edu. cn/shenjikanwu/wenzhangjingxuan/2017－01－05/2552. html.

［3］关于加强和改进国家重点研发计划项目（课题）结题审计相关工作的通知．http：//www. most. gov. cn/xxgk/xinxifenlei/fdzdgknr/qtwj/qtwj2021/202105/t20210514_174613. htm.

［4］中国注册会计师协会关于印发《中央财政科技计划项目（课题）结题审计指引》的通知．https：//www. cicpa. org. cn/xxfb/tzgg/202206/t20220629_63563. html.

［5］孙含晖，王苏颖，阎歌．让数字说话——审计，就这么简单［M］．北京：机械工业出版社，2016：117.

［6］侯天柱．对现代风险导向审计的几点思考［A］．http：//bbs. canet. com. cn/thread－223518－1－1. html.

［7］刘鑫．时代信息化背景审计工作的发展方向［A］．http：//lzsj. liuzhou. gov. cn/ztzl/xsttzl/202108/t20210816_2892007. shtml.

［8］梅贵琴，王凤波．新形势下加强科研项目经费财务管理的思考［N］．中国会计报，2022－08－05.